ARS VIVENDI

# KOCHEN IN KUPFER

MATERIAL · REZEPTE · GENUSS

TEXTE: STEPHANIE ARLT · THOMAS A. VILGIS

REZEPTE: GABRIELE HUSSENETHER

REZEPTFOTOS: DANIEL DUVE

ARS VIVENDI

**Originalausgabe**
**Erste Auflage 2021**

**Bauhof 1, 90556 Cadolzburg**

**www.arsvivendi.com**

Konzept und Idee: Norbert Treuheit
Lektorat: Stephanie Arlt
Umschlaggestaltung: FYFF, Nürnberg
Innenlayout und Satz: ars vivendi
Gesetzt aus der Neuton
Druck und Bindung: Impress, Mönchengladbach
Gedruckt auf säurefreiem, chlorfrei gebleichtem Papier
Druck: PBtisk, Tschechien
Printed in the EU
ISB 978-3-7472-0090-2

# Inhalt

# Kochen in Kupfer

# Nicht immer, aber immer öfter

*Ein Vorwort von Thomas A. Vilgis*

Kochen in Kupfer? Nicht immer, aber immer öfter. Profiköche schätzen Kochgeschirr aus Kupfer wegen seiner unmittelbaren Reaktion auf Temperaturänderungen. Physiker bezeichnen das Material gern als Meister der Wärmeleitung. Die Folgen sind eklatant: nach einer kurzen Aufheizzeit stellt sich rasch eine konstante Temperatur auf Topf- und Pfannenböden ein, die eine gleichmäßige Garung sicherstellt.

Kupfer gehört zu den ersten Metallen, die Menschen mit einfachen Mitteln gewinnen und verarbeiten konnten. Durch seinen verhältnismäßig niedrigen Schmelzpunkt und seine leichte Verformbarkeit gelang es den Menschen schon am Ende der Jungfernsteinzeit vor etwa 6000–8000 Jahren, daraus Werkzeuge, Jagdwaffen und später Münzen herzustellen. Nach der Nutzung des Feuers – es diente zu dieser Zeit schon seit Jahrtausenden als Wärmequelle und Kochstelle – gelang mit der Verarbeitung von Metallen eine neue Ära der Evolutionsgeschichte: die Kupfersteinzeit. Die Verarbeitung des Kupfers zum Kochgeschirr war damit zwangsläufig und wegweisend. Kein Wunder also, wenn es bis heute in der Küche geschätzt wird.
Ganz abgesehen davon greift Kupfer tief ins molekulare Geschehen bei Lebensmitteln ein. Schon die Urgroßmütter unserer Urgroßmütter wussten zum Beispiel, dass Konfitüre in Kupferkesseln besser gelingt. Sie wurde haltbarer und fester. Dies ist nur ein Beispiel für die Wirkung von Kupfer auf der molekularen Ebene. Auf einem ähnlichen Prinzip beruht die außergewöhnlich starke antibakterielle und antivirale Wirkung des Metalls. Diese hygienischen Vorzüge sind geradezu dafür gemacht, Wasserleitungen, alte Sudkessel und selbst Trinkgefäße aus Kupfer herzustellen.

Kupfer als Spurenelement ist auch ein wichtiger biophysikalischer Co-Faktor im menschlichen Körper. Kupferionen geben manchen lebenswichtigen Enzymen erst ihre Gestalt und damit ihre physiologischen Funktionen. Ein Zuviel an Kupfer im Körper macht allerdings krank.

Vor diesen toxischen Eigenschaften des Kupfers müssen Sie sich heute aber nicht mehr fürchten. Das Kochgeschirr ist beschichtet, weshalb etwa auch ein Sauerbraten, der seinem Namen wirklich gerecht wird, darin stundenlang geschmort werden kann, ohne dass sich Kupfer löst. Die Gefahr einer kritischen Menge an Kupfer ist gleich Null.

Am Ende darf natürlich ein Punkt nicht fehlen. Das metallisch-rötlich glänzende Kupfergeschirr ist aus ästhetischen Blickwinkeln wunderschön anzusehen. Daher ergibt sich bei der Lektüre des Buchs unmittelbar die Schlussfolgerung: Das Auge kocht mit. Vorausgesetzt ein gepflegtes Kupfertöpfchen versteckt sich irgendwo im Küchenschrank und wartet sehnsüchtig auf seine kulinarische Bestimmung.

In diesem Sinne guten Genuss beim Lesen und Kochen!

Ihr Thomas A. Vilgis

*Kupfertöpfe im Restaurant Louis XV in Monaco*

# Kochgeschirr im rot-goldenen Gewand

Am 19. September 1991 suchten sich zwei Wanderer in den Ötztaler Alpen abseits der markierten Route einen Weg zu einer kleinen Hütte und fanden auf 3208 Metern Höhe ganz zufällig einen im Eis mumifizierten Körper. Es sollte ein archäologischer Sensationsfund werden! So stellte sich nach Untersuchungen heraus, dass der Todeszeitpunkt des Mannes, der infolge einer Schussverletzung verblutet ist, zwischen 3359 und 3105 v. Chr. zu datieren ist. Er stammt demnach aus der Jungsteinzeit, die ab 6000 v. Chr. den fließenden Übergang von der Sammler- und Jägerkultur zur Sesshaftigkeit mit systematischer Viehzucht markiert. In Fachkreisen wird diese Zeit auch als »Kupfersteinzeit« bezeichnet, da sich ihr Funde von Beilen und Klingen aus Kupfer und Überreste einer frühen Verhüttung zuordnen lassen.

Auch die Mumie aus dem Ötztal, alsbald »Ötzi« genannt, dessen Kleidung, mutmaßliche körperliche Verfassung und Jagdausrüstung eingehend analysiert wurden, hatte ein Beil mit Kupferklinge bei sich. Dieses war zu seiner Zeit aufgrund der aufwendigen Verarbeitung - die Schneide war mehrmals kalt nachgehämmert und geschliffen worden - äußerst prestigeträchtig und noch dazu begehrte Beute bei kriegerischen Auseinandersetzungen. Darüber hinaus verweist es auch auf eine hohe gesellschaftliche Position seines Trägers innerhalb dessen Kulturgruppe. Weitere wissenschaftliche Untersuchungen ergaben schließlich, dass die von Ötzi mitgeführte Klinge zu 99 Prozent aus reinem Kupfer aus der südlichen Toskana besteht - ein Indiz dafür, dass Kultur- und Handelsbeziehungen damals bereits erstaunlich weitläufig waren.

## »Kupfer« oder »cuprum«

Dass das Kupferbeil des im Eis gefundenen Mannes um 3000 v. Chr. aus Mittelitalien stammt, wirft die Frage auf, wo im Altertum eigentlich erstmals Kupfer lokalisiert wurde. Dabei gibt gerade die Etymologie des Wortes »Kupfer« einen Hinweis auf die ersten antiken Fundorte, denn die ähnlich lautenden Bezeichnungen im Deutschen (»Kupfer«), Englischen (»copper«), Spanischen (»cobre«) oder Französischen (»cuivre«) verweisen auf eine gemeinsame Wortherkunft im Lateinischen (»cuprum«), das erstmals bei Spartianus im Jahr 290 n. Chr. und damit verhältnismäßig spät auftauchte. Zuvor war Kupfer vonseiten der Römer lediglich als »aes cyprium« und damit als »Erz der Insel Zypern« beschrieben worden. Es wurde daher lange davon ausgegangen, Kupfer sei auf der Insel entdeckt worden, wo es auch seit 4000 v. Chr. bekannt ist. Schließlich lässt sich aber festhalten, dass das Gebiet der heutigen Zentraltürkei als frühes Zentrum der Kupferverarbeitung gilt, wobei die verstreuten Funde bzw. Fundorte eine genaue Chronologie erschweren.

## Abbau und Handel

Kupfer entwickelte - wie auch alle anderen Edelmetalle - einen erheblichen entwicklungsgeschichtlichen Einfluss auf die Sozialisation des Menschen, denn für die Gewinnung und Verarbeitung des Materials wurden stationäre Anlagen erforderlich. So wurde eine nomadische Lebensweise zugunsten einer saisonalen Standorttreue aufgegeben und Kupferhütten errichtet. Ein

Zeugnis dieser Entwicklung findet sich noch heute in der Negev-Wüste, wo das älteste Bergwerk der Welt zu verorten ist und wo ab 4000 v. Chr. über drei Jahrtausende hinweg Kupfer gefördert wurde. Und auch in Jordanien zeigen sich noch heute Spuren der vorzeitlichen Erzgewinnung, denn auf den Abraumhalden des Bergwerks Umm el-Amad (»Mutter aller Säulen«) wurde Kupferschlacke im Alter von 4500 bis 2000 Jahren gefunden. Im deutschen Sprachraum hingegen sind frühe Abbaustätten u. a. im Harz, in der Lausitz und Eifel, in Kitzbühel und Mitterberg bekannt.

Die große Bedeutung von Kupfer als Industriemetall wird schließlich mit Blick auf die hohen Förderungs- und Bedarfszahlen evident. Grundsätzlich ist von einer Multiplikation der Fördermenge mit dem Faktor 40 seit der Jahrhundertwende um 1900 zu sprechen und heute steigt vor allem in der Elektroindustrie mit fortschreitender Entwicklung die Nachfrage stetig an, sodass auch Fragen über die künftige Verfügbarkeit von Kupfer laut werden. So steht derzeit einer jährlichen Minenproduktion von 18,64 Millionen Tonnen Kupfer eine Sekundärerzeugung, also der Gewinn von Kupfer aus Recyclingmaterialien, in Höhe von etwa 3,8 Millionen Tonnen gegenüber (Stand 2019). Dabei wird geschätzt, dass mittlerweile etwa 100 Millionen deutsche »Althandys« mit rund 825 Tonnen Kupfer wiederverwertet werden könnten. Dass der Werkstoff Kupfer ohne Qualitätseinbußen beliebig oft recycelt werden kann, kommt hier der Industrie in jedem Fall zugute – wie viel jedoch tatsächlich wiederverwertet wird, hängt schließlich auch vom Nutzer ab.

Kupfer in seiner reinen und sogenannten »gediegenen« Form wird weltweit gefördert. Laut National Minerals Information Center (USA) ergibt sich unter den fünf größten Abbauländern folgende Verteilung hinsichtlich der Kupfererzförderung:

| Rang | Land | Förderung | Reserven |
|---|---|---|---|
| 1 | Chile | 5.600 | 200.000 |
| 2 | Peru | 2.400 | 87.000 |
| 3 | China | 1.600 | 26.000 |
| 4 | USA | 1.300 | 51.000 |
| 5 | Kongo | 1.300 | 19.000 |

*Kupfererzförderung in Tausend Tonnen (2019). National Minerals Information Center: Mineral Commodity Summaries. https://pubs.usgs.gov/periodicals/mcs2020/mcs2020-copper.pdf [31.01.2020/19.03.2020].*

*Ein Set von alten Kupfertöpfen und -pfannen*

*Gerold Strauß von der Metalldrückerei Strauß in Pforzheim zeigt, wie aus einer Kupferscheibe ein hochwertiger Topf wird (Bild oben und rechts).*

kommt hier der Industrie in jedem Fall zugute – wie viel jedoch tatsächlich wiederverwertet wird, hängt schließlich auch vom Nutzer ab.

Der deutsche Kupferbedarf wird heute vor allem durch Importe und recyceltes Material gedeckt, denn die deutschen Lagerstätten waren schon früh (ab etwa 1600) unwirtschaftlich und infolgedessen bis Mitte des 20. Jahrhunderts geschlossen worden. Kupfererzförderung in Deutschland ist aktuell nicht lohnend, auch wenn laut Geologen beispielsweise in der Lausitz noch rund zwei Millionen Tonnen in bis zu 1500 Metern Tiefe verborgen liegen. Schließlich liegt der Großhandelspreis für Rohkupfer derzeit bei etwa 6.600 Euro pro Tonne (Stand 2020).

## Vom Kupfer zum Topf

Je nach genauem Verwendungszweck und Art des Kochgeschirrs sind aus einer Tonne Kupfer zwischen 300 bis 700 Einheiten (Töpfe oder Pfannen) herauszuarbeiten. Dabei erfolgt die Herstellung von Kupferkochgeschirr in einer Metalldrückerei in Handarbeit – jeder Topf und jede Pfanne sind somit ein Unikat.

Zuerst wird aus der quadratischen Platte eine Kupferscheibe ausgestanzt, dann fixiert der Drücker die Scheibe auf der Drehbank, trägt Gleitmittel auf, schaltet den Strom ein und drückt mit einem schweren Hebel und viel Körperkraft die rotierende Kupferscheibe über eine Holzform. So wird bereits sehr schnell der Urtopf erkennbar, der anschließend auf 800 °C erhitzt und in kaltem Wasser wieder abgekühlt wird – so lösen sich Verspannungen im Metall. Dann wird vorgeschliffen, nachgeschliffen, poliert und fertig ist der Kupfertopf.

In Deutschland gibt es nur eine einzige Kupfermanufaktur, die auf den Vertrieb von Kupferkochgeschirr spezialisiert ist, weitere namhafte Unternehmen sitzen im europäischen Ausland. Das Kupferkochgeschirr ist für Endkunden über den Fachhandel zu beziehen. Schließlich ist der gewöhnliche Kupfertopf von früher nicht mehr der Kupfertopf von heute, denn neue Beschichtungen, Versiegelungen und in den Topfboden eingelassene Materialschichten machen das Kupfergeschirr wandlungsfähiger denn je und sorgen dafür, dass es für jede Herdart und alle Kochzwecke geeignet ist. Mit seiner herausragenden Wärmeleitfähigkeit und den physikalischen Eigenschaften (siehe S. 159ff.) ist Kupfer bestes Material für die ambitionierte Küche und macht das Kochen zu einem ganz besonderen, neuen Erlebnis.

# Überall findet sich Kupfer …

Kupfer ist das älteste vom Menschen in seinem Alltag verwendete Metall und bereits seit der prähistorischen Zeit um 8000 v. Chr. wesentliches Material für die Verarbeitung zu Gegenständen. Dabei markiert die Verwertung des Metalls zu dieser Zeit einen immensen kulturellen Fortschritt, denn die gezielte Förderung von Kupfer leitete von der Steinzeit in die Neuzeit über. Zudem zeichnete sich seit der sogenannten Kupfer(stein)zeit (4300–2200 v. Chr.) fortan der Beginn der vormodernen Gesellschaft mit der Unterteilung in arme und reiche Menschen ab, wie an den kupfernen Grabbeigaben für Letztere ersichtlich wird. Noch heute ist Kupfer wichtiger Rohstoff und wird in vielen Bereichen eingesetzt.

## Kupfer und Elektrizität

Als hervorragender Wärme- und Stromleiter wird Kupfer u. a. für elektrische Leitungen, Schaltdrähte und Leiterbahnen verwendet, außerdem sorgen in Elektromotoren und damit beispielsweise auch im Auto Kupferwicklungen für den nötigen Energiefluss.

## Kupfer im Bauwesen

Das Metall Kupfer ist leicht zu verarbeiten, weist hohe Korrosionsbeständigkeit auf und zeigt keine Materialermüdung. Daher und aufgrund seiner antibakteriellen Wirkung wird es gerne für Rohrleitungen (Heizung, Wasser, Gas) verwendet und findet außerdem bei Regenrinnen oder Dächern seinen Einsatz. Letztere haben eine Lebensdauer von mehreren Hundert Jahren. Ist verstärkte Hygiene gefragt, wird auf Kupferarmaturen – oder aus Kostengründen ersatzweise auf Edelstahl – zurückgegriffen.

## Kupfer in der Landwirtschaft

Im Biolandbau wird Kupfer als Pflanzenschutzmittel eingesetzt, belastet aber in hohen Dosen den Boden und kann Kleinstlebewesen schädigen. Werden landwirtschaftliche Kupfergeräte verwendet, so hinterlassen diese durch Abrieb eine geringe Menge an Kupfer im Erdreich und können verbessertes Wachstum ausgesäter Pflanzen veranlassen.

## Kupfer und das Münzwesen

Die ersten Münzfunde aus Bronze – einer Legierung aus Kupfer und Zinn – sind auf etwa 2000 v. Chr. zu datieren, seit etwa 300 v. Chr. wurden Münzen aus reinem Kupfer geschlagen. Noch heute werden die meisten Münzen, so auch die Euromünzen, aufgrund der antibakteriellen Wirkung des Metalls auf Kupferbasis hergestellt. Dabei handelt es sich bei dem sogenannten »Nordischen Gold« (goldfarbige Teile der Euromünzen) um eine Legierung aus Kupfer, Zink, Aluminium und Zinn, während die häufig als »Kupfergeld« bezeichneten Centmünzen aus einem Eisenkern bestehen und mit Kupfer lediglich ummantelt sind.

## Kupfer als Kunst

Kunstwerke oder Skulpturen aus Kupfer werden seit jeher angefertigt, von besonderer Bekanntheit ist beispielsweise die Freiheitsstatue. Seit dem 12. Jahrhundert ist zudem die Kunst des Kupferstichs populär, bei der mit einem feinen Sichel Konturen in eine Kupferplatte gegraben werden. Die entstehenden Vertiefungen nehmen dann Farbe auf und geben beim Druck das Bild spiegelbildlich wieder. Schließlich sind heute aufgrund ihrer edlen und hochwertigen Optik kupferfarbene Metallaccessoires beliebter denn je.

## Das Kupfermuseum in Fischen am Ammersee

Das weltweit einzige Kupfermuseum findet sich in einem restaurierten Gutshof in Oberbayern und beheimatet auf über 500 Quadratmetern mehr als 1500 künstlerische Kupferarbeiten, darunter hauptsächlich mitteleuropäisches Gebrauchsgut des 17. bis 19. Jahrhunderts. In der ständigen sowie in zahlreichen (Sonder-)Ausstellungen wird hier die kunst- und kulturhistorische Bedeutung der Kupferkunst öffentlich zugänglich gemacht.

Stiftung Kupfermuseum
im Kunst- und Kulturhof
Herrschinger Straße 1
D-82396 Pähl-Fischen am Ammersee

Mittwoch-Samstag 10-16 Uhr
und nach Vereinbarung
Gruppenführungen mit Voranmeldung
(Bitte beachten Sie die Winterpause!)

*Dachrinnen aus Kupfer haben eine sehr lange Lebensdauer ...*

# Der Wert von Kupfer

Ganz egal, ob Topf oder Pfanne, Schüssel oder Becher: Kupfergeschirr wird immer in Handarbeit gefertigt und jedes Kochgefäß ist daher ein Unikat. Dabei rührt der stolze Preis des Geschirrs zum einen davon, dass das Herstellungsverfahren nur noch von wenigen beherrscht wird und es sich bei der Fähigkeit des Metalldrückens um eine verschwindende Handwerkskunst handelt. Zum anderen liegt der Rohmaterialpreis von Kupfer mit etwa 6.600 Euro pro Tonne vergleichsweise hoch, nämlich rund sechsmal höher als der von Aluminium. Mehr noch reagiert der Kupferpreis empfindlich auf inflationäre Veränderungen und bei erhöhter wirtschaftlicher Aktivität steigt auch die Nachfrage vonseiten der Bauindustrie und anderer verarbeitender Gewerbe. Denn Kupfer weist beste thermische sowie elektrische Leitfähigkeit auf und wird als grundlegender elektrischer Verbindungsträger in elektronischen Geräten verbaut: Nimmt in einer sich stetig entwickelnden Umwelt also der Bedarf an solchen Geräten (z. B. Handys, Computer, Autos) zu, so kommt es ganz unmittelbar zu einem Anstieg der Kupferpreise. Kupfer wird daher auch als »das Metall mit einem Doktortitel in Volkswirtschaftslehre«[1] bezeichnet, denn es gilt als Stimmungsbarometer für die Produktivität eines Wirtschaftsraumes.

Als metallischer Rohstoff mit begrenztem Vorkommen in der Erdkruste ist Kupfer mit Blick auf seine Erschöpfbarkeit schließlich als besonders wertvoll einzustufen und in seiner Reinform auch Ziel vieler organisierter Diebstähle sowie beliebtes Schwarzmarktprodukt. Dabei ließe sich die Endlichkeit der Kupfervorkommen in der Recyclingfähigkeit des Metalls aufheben und tatsächlich nimmt aktuell die Gewinnung von Primärmaterial mit gleichzeitigem Anstieg der Sekundärerzeugung ab, sodass heute der Anteil von recyceltem Kupfer bei etwa 16,8 %[2] der weltweiten Kupferproduktion liegt. Im Vergleich dazu wird in Deutschland bereits mehr als die Hälfte des jährlichen Kupferbedarfs aus Recyclingmaterial gedeckt. Letztlich ist festzuhalten, dass es sich bei Kupfer um eine – wenn auch erschöpfliche – sehr nachhaltige Ressource handelt, da der reine Werkstoff aus Altmaterialien beliebig oft recycelt werden kann.

Wo sich Kupfer also in der Produktion mit dem Faktor Nachhaltigkeit auszeichnet, wartet es in der Verarbeitung zum Kochgeschirr mit einem hohen Maß an Beständigkeit auf. Denn obwohl hier Primärmaterial verwendet wird und der Aspekt der Nachhaltigkeit auf den ersten Blick nicht zu greifen scheint, erweisen sich Kupfertopf und -pfanne bei guter Pflege als sehr langlebige Produkte, die wegen ihrer sparsamen und effizienten Energieausbeute langfristig umweltfreundlich sind und noch dazu nicht an Wert verlieren. Kupfergeschirr ist demnach ganz unmittelbar wertvoll und auch gern gesehenes Erbstück.

---

*1 Handelsblatt online: »Wertvoller als Gold? Kupfer bietet besseren Inflationsschutz.« https://www.handelsblatt.com/finanzen/maerkte/devisen-rohstoffe/wertvoller-als-gold-kupfer-bietet-besseren-inflationsschutz/19997364-all.html [29.06.2017/17.03.2020].*
*Barton, Susanne: »Wertvoller als Gold? Kupfer bietet besseren Inflationsschutz.« https://www.welt.de/newsticker/bloomberg/article166055013/Wertvoller-als-Gold-Kupfer-bietet-besseren-Inflationsschutz.html [29.06.2017/17.03.2020].*

*2 Neitze, Dörte: »Kupfer-Recycling nimmt zu.« https://www.technik-einkauf.de/rohstoffe/kupfer-recycling-nimmt-zu-279.html [11.02.2019/17.03.2020].*

*Kupferkessel in einer Restaurantküche in Paris*

# 7 Gründe für Kochgeschirr aus Kupfer

Kochgeschirr aus Kupfer ist in der Anschaffung nicht günstig, besticht in der Küche aber mit vielen positiven Kocheffekten und macht auch optisch einiges her. So wird die Hobby- ganz schnell zur Profiküche! Und auch im Sinne der Nachhaltigkeit glänzt das Material und ist damit aktueller und gefragter denn je. Warum Kupfergeschirr zu besten Kochergebnissen und schönsten Kocherlebnissen führen kann, lässt sich mit Blick auf die Eigenschaften des Materials zusammenfassen.

## Beste Wärmeleitfähigkeit

Das Metall Kupfer weist gegenüber anderen Materialien eine deutlich erhöhte Wärmeleitfähigkeit auf (20 Mal höher als die von Edelstahl). Dadurch steigert sich die Kochgeschwindigkeit und durch konstante Temperaturen im gesamten Topf wird sehr punktgenaues Garen möglich. Kochen in Kupfer ist demnach schonend und energiesparend. Das Spiel mit der Schnelligkeit in der Küche will gelernt sein, aber die präzisen Bratergebnisse überzeugen.

## Herausragende physikalische Eigenschaften

Reines Kupfer hat eine starke antibakterielle und antivirale Wirkung, die sich bei unbeschichtetem Kupfergeschirr zeigt und weniger im häuslichen als vielmehr im industriellen Bereich bei der Joghurt- oder Käseproduktion zum Tragen kommt (siehe Seite 176). Außerdem dient Kupfer als Katalysator und bedingt bei der Herstellung von Marmeladen eine verbesserte Gelierfähigkeit und Konservierung der Farbe von Früchten sowie eine verlängerte Haltbarkeit. Auch Eischnee wird in der Kupferschüssel schneller fest und bleibt es auch länger.

## Wandlungsfähig

Aufgrund verschiedener Beschichtungen ist Kupfergeschirr heute sehr wandlungsfähig: Eine dünne, auf das Kupfer aufgepresste Schicht Edelstahl macht das Geschirr besonders pflegeleicht sowie robust und verhindert die Bildung von Kupferacetat im Topfinneren. Eine Keramikversiegelung hingegen bringt hervorragende Antihafteigenschaften mit. Außerdem wird das Geschirr mit Beschichtung kratzfest.

## Für alle Herdarten geeignet

Dank neuer Herstellungsmethoden und innovativer Technologien bei der Mischung der Materialien haben es Hersteller wie de Buyer aus Frankreich, Weyersberg aus Deutschland, Spring aus der Schweiz und Alessi aus Italien geschafft, mithilfe einer dünnen Eisenschicht im Topfboden, moderne Kupfertöpfe und -pfannen ferromagnetisch und damit induktionsfähig zu machen. Kupfergeschirr ist damit für alle Herdarten geeignet.

*Stillleben mit Marmeladentopf*

## Nachhaltig und umweltschonend

Bei richtiger Anwendung und Pflege weist Kupfergeschirr eine sehr lange Lebensdauer auf und ist auch als Wertanlage (siehe Seite 18) zu betrachten. Zugleich ist Kupfer zu fast 100 % recyclebar. Wegen der sparsamen und effizienten Energieausbeute ist Kupfer in der Küche langfristig als umweltfreundlich zu bezeichnen.

## High End

Kupfergeschirr in der Küche ist wegen seiner edlen und warmen Optik ein absoluter Blickfang und darf gerne stolz präsentiert werden. Es steht außerdem für höchste kulinarische Ansprüche und die Liebe zum Kochen. Am meisten Spaß macht das Kochen in Kupfer – wie auch mit jeder anderen Materialart – natürlich mit hochwertigen Lebensmitteln und saisonalen Produkten aus der eigenen Umgebung. Schließlich gilt: Wer in den Topf investiert, sollte auch beim Inhalt nicht sparen!

## Sehr im Trend

Viele Spitzenköche wie Eckart Witzigmann, Gennaro Contaldo oder Jacqueline Amirfallah wollen sie nie missen und schwärmen immer wieder von ihren Töpfen und Pfannen aus Kupfer. Lange Zeit waren sie in Vergessenheit geraten und galten als Relikte einer Vergangenheit, ja als Kochutensilien einer Zeit, in der man damit vor allem in Frankreich professionelles Kochen mit Prestige in Verbindung brachte. Inzwischen wird Kupfergeschirr aber immer beliebter und die extrem ästhetischen Küchenutensilien feiern ein glänzendes Revival und sind sehr im Trend.

# Was ist beim Kochen mit Kupfer zu beachten?

Ganz besondere Eigenschaft von Kupfer ist dessen hohe Wärmeleitfähigkeit. So nimmt das Metall Hitze unmittelbar auf und reagiert auf jede noch so kleine Temperaturänderung. Konkret heißt dies, dass Kochen mit Kupfertöpfen grundsätzlich bessere Ergebnisse als Kochen mit anderen Materialien liefern kann, denn eine punktgenaue Regulierung der Temperatur und eine gleichmäßige Wärmeverteilung im Topf ermöglichen ein besonders schonendes Garen. Mehr noch bringen Kupfertöpfe beim Kochen eine nicht zu vernachlässigende Energie- und Zeitersparnis: Die Kochplatte heizt nicht unnötig die Umgebung auf und das Kochwasser braucht nicht so lange, bis es sprudelnd kocht.

Dass Kupfer die Wärme wirklich sehr gut leitet, zeigt sich beim Kochen schließlich auf noch viel unmittelbarere und auch spürbare Weise. Wer nicht aufpasst, verbrennt sich schon kurz nach dem Einschalten des Herdes am Topf die Finger. Und wer einen Topf oder eine Pfanne mit besonders hohem Rand verwendet, wird merken, dass dieser durchaus einiges an Hitze abstrahlt. So kann man in der Küche beim Kochen mit Kupfer auf die etwas andere Art ins Schwitzen kommen.

Die gegenüber anderen Materialien deutlich erhöhte Wärmeleitfähigkeit von Kupfer stellt einen sehr entscheidenden Vorteil dar und ist auch wesentliches Argument für die Anschaffung von Kupferkochgeschirr. Gerade dieser Aspekt verleitet aber auch zu der Frage, welche Bedingungen in der hauseigenen Küche für ein optimales Ausschöpfen dieser besonderen Eigenschaft notwendig sind. Wo von wärmeleitenden Stoffen die Rede ist, muss daher auch immer das wärmegebende Element miteinbezogen werden.

In der hauseigenen Küche sind als Wärmequellen grundsätzlich Herd und Backofen zu identifizieren. Dabei wirkt der hier installierte Herdtyp beim Kochen immer direkt auf den Kochprozess ein, die Effekte der verschiedenen Herdarten sind aber im Alltag wegen fehlender Vergleichswerte nicht zu spüren und meist handelt es sich bei der Entscheidung für eine spezielle Herd-Backofen-Kombination um individuelle Vorlieben. Gerade im direkten Nebeneinander zeigen sich aber beim Kochen in Kupfergeschirr auf Elektro-, Induktions- oder Gasherd doch ganz wesentliche Unterschiede, denn die ausgeprägte Wärmeleitfähigkeit von Kupfer legt die Stärken und Schwächen der Herdtypen offen.

## Der Gasherd

Gasherde kommen häufig in Großküchen, seltener in privaten Küchen zum Einsatz. Dabei erfolgt die Versorgung der Kochplatten meist über Gassteckdosen, in vereinzelten Fällen mit Flüssiggas aus Gasflaschen und bei Befeuerung liegt die Flamme frei. Daher rührt auch das häufig zu vernehmende Vorurteil, ein Kochen mit Gasherd wäre gefährlicher als mit

*Einrühren von Maisgrieß im Kupfertopf auf einem Gasherd*

*Anbraten von Garnelen in einer Schlemmerpfanne auf einem Gasherd*

einem konventionellen Herd, was nur bedingt stimmt. So steigt zwar die unmittelbare Verbrennungsgefahr, aber das Risiko einer Verletzung ist mit sachgemäßer Nutzung auszuräumen. Zu empfehlen ist aber die regelmäßige Lüftung der Küche und eine Verwendung von Kochgeschirr ohne Kunststoffelemente, die bei der direkten Hitze schnell schmelzen können. Zudem können sich beim Kochen an der Unterseite des verwendeten Kochgeschirrs Rußpartikel bilden, die nur einen optischen Mangel darstellen und in der Regel leicht zu entfernen sind.

Gasherd und Kupfergeschirr sind schließlich die Idealkombination, denn hier ist eine direkte, äußerst energieeffiziente, punkt- sowie gradgenaue Wärmeregulierung über die Flammensteuerung möglich. Das Kupfer kann die Hitze beim Auftreffen der Flamme prompt an das Kochgut abgeben, unterstützt somit den Garprozess auf optimale Weise und sorgt gleichzeitig für ein unverwechselbares Kocherlebnis.

## Der Induktionsherd

Bei einem Induktionsherd wird die Wärme mittels eines magnetischen Wechselfeldes erzeugt und das metallische Kochgeschirr somit durch induktiv erzeugte Wirbelströme erwärmt. Das Metall Kupfer ist nicht magnetisch und kann in seiner Reinform kein elektrisches Feld aufbauen. Somit ist es für Induktionsherde grundsätzlich nicht geeignet und wird erst mit einer zusätzlichen Aufbereitung induktionsfähig. Dabei erfolgte früher eine Anpassung an das Induktionsfeld mittels Adapterinduktionsplatten aus Eisen, die jedoch keine gute Wärmeübertragung ermöglichten. Heute werden dünne ferromagnetische Bodenbeschichtungen auf das Kupfergeschirr aufgebracht, welche die Wärmezufuhr ohne weitreichende Verluste weitergeben. Schließlich reagiert das Induktionskochfeld um einiges sensibler auf Wärmeregulierungen als das Glaskeramikkochfeld und kann noch dazu das Kochgeschirr punktgenau mit Hitze versorgen. Es bietet daher beste Voraussetzungen, um energieeffizient in ein Wechselspiel mit dem Kupferkochgeschirr zu treten.

## Der Elektroherd

Wenn von Elektroherden die Rede ist, sind üblicherweise solche mit Stahl-/Eisenplatten oder einem Glaskeramik- bzw. Ceran®-Kochfeld gemeint. Erstere verschwinden zunehmend aus (modernen) Küchen, da sie anfällig für Rost und wenig effizient sind. Der Wärmeverlust ist gerade beim Abkühlen der Platten sehr hoch. Letzteres zählt heute vielmehr zum Standardinventar, denn das großflächige Kochfeld mit der glatten Oberfläche ist besonders leicht zu reinigen. Zudem erfolgt die Wärmeübertragung hier durch infrarote Wärmestrahlung und es erhitzen sich nur die einzelnen Kochzonen. Dennoch sind Elektroherde in der Wärmeenergiezufuhr eher träge und langsam, darüber hinaus ist eine gradgenaue Regulierung aufgrund meist mehrstufiger Regler mit verschiedenen Positionsrastern nicht möglich. In der Folge verliert sich hier der Vorteil der hohen Wärmeleitfähigkeit von Kupfer zum Teil in der grundlegenden Beschaffenheit des Herdes. Denn kann der Herd eine hohe und genaue Wärmezufuhr nicht leisten, kann auch die gewünschte Reaktion des Kupfers nur mäßig erfolgen.

## Fazit

Wer mit Kupfergeschirr bestmögliche Kochergebnisse erzielen möchte, dem ist als optimale Wärmequelle ein Gasherd zu empfehlen. Dennoch muss, sofern kein solcher Herd vorhanden ist, natürlich keine Neuausstattung der hauseigenen Küche erfolgen. Das Kupferkochgeschirr kann auch bei Elektro- und Induktionsherden sein Potenzial hinsichtlich der besonders hohen Wärmeleitfähigkeit des Materials entfalten, wenn auch etwas weniger stark, und das Kochgut wird auf allen genannten Herdarten ähnlich schonend gegart. Letztlich ist bei der Verwendung von Kupferkochgeschirr – unabhängig davon, mit welcher Herdart gekocht wird – darauf zu achten, dieses nicht ohne Kochinhalt auf dem Herd zu erhitzen. Denn Kupfer dehnt sich bei Wärme aus, das Geschirr kann sich ohne Kochgut, an das es die Hitze abgeben kann, verziehen und dann auf der geraden Fläche wackeln. Schließlich sollte das Kupfergeschirr beim Kochen immer mit Topfhandschuhen bewegt werden, da das Metall auch die meist andersmetallischen Griffe stark aufheizt. Werden diese wenigen Besonderheiten des Kupferkochgeschirrs berücksichtigt, steht einem Koch- und Essensgenuss der allerbesten Art nichts mehr im Wege.

# Das Kochgeschirr. Eine Übersicht

Die richtige Wahl des Kupfergeschirrs fürs Kochen kann ganz einfach sein. Doch Kupfertopf ist nicht gleich Kupfertopf: Gutes Kupfergeschirr ist schon am hohen Preis zu erkennen. Sind die Töpfe besonders günstig in der Anschaffung und liegen sie noch dazu leicht in der Hand, ist die Wahrscheinlichkeit hoch, es handelt sich um galvanisiertes Kupfer, also um herkömmliche Edelstahltöpfe, die lediglich mit einer dünnen Schicht Kupfer überzogen wurden. Und doch scheinen auch teure Kupfertöpfe heute nicht mehr nur aus Kupfer zu bestehen, sondern sind innen häufig beschichtet. Meist liegt hier eine Versiegelung mittels einer dünnen Schicht Edelstahl oder Keramik vor, die den direkten Kontakt der Lebensmittel mit dem Metall und damit auch die Bildung des giftigen Kupferacetats (ugs. »Grünspan«) verhindert. So können Speisen auch beim Abkühlen im Kupfertopf verbleiben. Darüber hinaus birgt beispielsweise ein Keramiküberzug optimale Antihafteigenschaften, die das Kochen äußerst angenehm machen und ein Anbrennen unterbinden. Schließlich werden auch Töpfe und Pfannen mit dünnen Eisenlagen im Boden produziert, mithilfe derer das Kochgeschirr induktionsgeeignet ist. Welcher Kupfertopf für die eigenen Wünsche und Vorstellungen in der Küche am besten passt, muss schließlich je nach Anforderungen wie verwendeter Herdart (siehe Seite 22–25) individuell erwogen werden.

Wer in Kupfer kochen möchte, dem steht eine große Auswahl an Kochgeschirr zur Verfügung. Dabei ist jeder Topf und jede Pfanne für bestimmte Zwecke konzipiert und die Wahl des Kupfergeschirrs sollte mit Blick auf die vorzubereitenden Gerichte erfolgen. Denn was gekocht wird, entscheidet auch darüber, ob das Kupfergut überhaupt zum Einsatz kommt. Gerade deswegen ist es auch nicht notwendig, alle im Handel erhältlichen Töpfe und Pfannen im eigenen Heim griffbereit zu haben – vielmehr findet sich in einer gut ausgestatteten Küche auch Geschirr anderen Materials aus Edelstahl, Gusseisen oder Emaille. In jedem Fall aber ist es förderlich, einen Überblick über die einzelnen Kupferprodukte zu haben, deren eigentliche Bestimmungen zu kennen und zu wissen, welche Topf- oder Pfannenart für welche Speisen am besten verwendet wird. So können dann die bestmöglichen Kochergebnisse erzielt werden.

Dass Kupfer die Wärme wirklich sehr gut leitet, zeigt sich beim Kochen schließlich auf noch viel unmittelbarere und auch spürbare Weise. Wer nicht aufpasst, verbrennt sich schon kurz nach dem Einschalten des Herdes am Topf die Finger. Und wer einen Topf oder eine Pfanne mit besonders hohem Rand verwendet, wird merken, dass dieser durchaus einiges an Hitze abstrahlt. So kann man in der Küche beim Kochen mit Kupfer auf die etwas andere Art ins Schwitzen kommen.

In der Folge eine kleine Übersicht an Formen und Größen. Es gibt natürlich noch viele, viele mehr – je nach Hersteller. Die abgebildeten Produkte stammen aus dem Sortiment der Kupfermanufaktur Weyersberg.

## Butterpfännchen

Das kleine Pfännchen mit dem hohen Rand eignet sich ganz besonders für das sanfte Verflüssigen von Butter und anderen Fetten. Außerdem ist es bevorzugt bei kleinen Mengen edler Saucen, Jus oder Fond zu verwenden. In Kombination mit einem Stövchen ist es auch Essgeschirr und als Saucenwärmer ideal zum Servieren am Tisch.

Ø 10 oder 12 cm

## Stielkasserolle

Mit etwas größerem Durchmesser und hohem Rand versehen ist die Kasserolle vielseitig und sehr wandelbar. Sie eignet sich für schnelles Aufkochen von Wasser, Aufwärmen von Suppen und perfektes Zubereiten (u. a. Blanchieren) von Gemüse.

Ø 14 oder 16 cm

## Sautoir mit Griffen oder Stiel

Die Pfanne mit dem rechtwinklig zur Bodenplatte stehenden hohen Rand ist ideal zum Kochen sowie Braten mit Flüssigkeit und demzufolge bestens für die Zubereitung von Risottos, Curry, Chutney oder ähnlichen Gerichten geeignet. Die Entscheidung für Griffe oder Stiel ist eine individuelle, gegebenenfalls ist der Sautoir mit Griffen auch für den Backofen einfacher zu handhaben.

Ø 20, 24 oder 28 cm

## Schwenkpfanne

Eine mit einem nach außen gezogenen, hohen Rand versehene Pfanne, die sich durch die nach oben verbreitende Oberfläche perfekt zum Reduzieren von Saucen und Fonds eignet. Dank der Form ist im Topfinneren jeder Zentimeter mit Küchengeräten (z. B. Schneebesen oder Kochlöffel) gut zu erreichen.

Ø 18 cm

## Stielpfanne

Der Klassiker unter den Bratpfannen und perfekt für das Braten empfindlicher Speisen, deren Garzeit nur kurz ist, wie Fischfilet, Kalbsschnitzel, Gemüse etc.

Ø 12, 18, 26 oder 30 cm

## Schlemmerpfanne

Für Gerichte, die gerne direkt aus der Pfanne serviert werden, ist die Schlemmerpfanne ideal. Sie ist auf dem Herd sowie im Backofen einsetzbar und findet zum Gratinieren und Überbacken Anwendung. Aufgrund seines hohen Durchmessers ist die Pfanne außerdem ideal für die Zubereitung von Paellagerichten, da der Reis dünn geschichtet garen kann.

Ø 26 oder 30 cm

## Großer Gemüse- oder Fleischtopf mit Deckel

Wegen seiner Vielseitigkeit für jede Küche ratsam. Mit dem großen Topf können Suppen, Eintöpfe, Gemüse- und Fleischgerichte zubereitet werden. Das Kupfer sorgt für gleichmäßige Wärmeverteilung und schnelles Erhitzen trotz hohem Fassungsvermögen des Topfes.

Ø 14, 16, 20, 24 oder 28 cm

## Ovaler Bräter

Der ovale Bräter eignet sich besonders für das Garen oder Backen im Ofen. Aufgrund seiner Größe ist er für fast jedes Gericht einsetzbar.

ca. 38 x 35 cm

## Marmeladentopf

Der Marmeladentopf ist ideal für Konfitüren und Chutneys. Das reine Kupfer trägt zu einer Intensivierung des Gelierprozesses bei, regt die Farbkonsistenz der verarbeiteten Früchte und Gemüse an und verlängert die Haltbarkeit der eingekochten Produkte.

Ø 31 cm

## Rührschüssel

Die rein kupferne Rührschüssel eignet sich für Cremes und Desserts, denn das Metall trägt zu einer erhöhten Geschmeidigkeit der Süßspeisen bei. In ihr geschlagener Eischnee wird besonders glatt und stabil.

Ø 22, 25 oder 31 cm

## Gugelhupfform

Kupfer und Backformen - diese Materialkombination ist relativ neu. Geeignet für alle möglichen Backkreationen.

Ø 16, 18 oder 20 cm

## Kupferbecher

Die Becher sind ideal für Getränke jeder Art und absoluter Hingucker in jeder Hausbar. Außerdem wird der Trendcocktail Moscow Mule traditionell im Kupferbecher serviert.

Ø 8 cm

*Alte Schlossküche mit Kupfergeschirr in Portugal*

# Die richtige Anwendung

Da Kupfergeschirr in der Anschaffung nicht günstig ist, sollte mit den edlen Töpfen und Pfannen beim Kochen sorgsam umgegangen werden. Dabei gilt: Werden ein paar wenige Punkte beachtet, ist das Kochvergnügen langfristig gewahrt!

## Das empfindliche Material

Kupfer ist ein relativ weiches Metall, das für die Herstellung von Kochgeschirr gut formbar und zäh ist. Beim Kochen ist gerade deswegen aber Vorsicht geboten, denn das Material erweist sich als sehr kratzempfindlich. Daher auf die Verwendung metallischer Bratenwender verzichten und auch nicht mit Messer oder Gabel in Topf oder Pfanne arbeiten.

## Die Hitzeentwicklung

Das Metall Kupfer leitet die Wärme ausgesprochen gut (siehe Seite 163). Durch die schnelle Hitzeübertragung ist es ratsam, den Herd nicht sofort auf höchster Stufe zu verwenden und die Wärme feinfühlig zu regulieren. Denn meist reicht schon geringe Hitze für sehr gute Brat- und Kochergebnisse aus. Das Kochgeschirr außerdem nie ohne Kochgut erhitzen, damit sich Pfanne oder Topf nicht verzieht oder wölbt und auch weiterhin flach auf der Herdplatte aufliegt.

Da das Kupfergeschirr beim Kochen sehr heiß wird, besser mit Topfhandschuhen arbeiten und Topf oder Pfanne nie mit bloßen Händen anfassen.

## Die Verwendung im Backofen

Bei lang anhaltend starker Hitze verzieht sich Kupfer. Das Material darf daher keinen Temperaturen über 250 °C ausgesetzt werden und auch längere Garzeiten von 1 Stunde und mehr im Backofen ab 200 °C gilt es zu vermeiden.Wird in Kupfergeschirr gebacken, können sich infolge der hervorragenden Wärmeverteilung verkürzte Gar- und Backzeiten ergeben.

## Auf Kupfer verzichten?

Manchmal ist es sinnvoll, nicht auf Kochgeschirr aus Kupfer, sondern auf Töpfe und Pfannen aus anderen Materialien zurückzugreifen. Denn nicht jedes Gericht erfordert genau die Brateigenschaften, die Kupfer mitbringt. So eignet sich Kupfer nicht für schnelles Anbraten und demzufolge auch nicht für Kurzgebratenes bzw. Steaks oder Ähnliches. Darüber hinaus reagiert das Metall mit säurehaltigen Stoffen und demnach mit allen Lebensmitteln: Werden reine Kupfertöpfe verwendet, dürfen die zubereiteten Speisen also nie im Kupfergeschirr verbleiben, sondern müssen – vor allem zum Abkühlen und um der Bildung von giftigem Kupferacetat vorzubeugen – umgefüllt werden. Kupfertöpfe und -pfannen mit Innenlegierung können dagegen bedenkenlos auch zum Servieren auf den Küchentisch gestellt werden und dienen hier wunderbar als Blickfang. Schließlich hat Kupfergeschirr in der Küche viel zu bieten und insbesondere bei der Zubereitung von Marmeladen, Eintöpfen, Reisgerichten und Saucen kommen positive Kocheffekte zum Tragen. So sollte in jeder gut ausgestatteten Küche auch Kochgeschirr aus Kupfer zur Ausrüstung zählen.

*Schokoladenkuchen mit Birnen in einer Kupferpfanne gebacken*

*Küchenbuffet im Landhausstil mit glänzenden Kupfertöpfen*

# Die richtige Pflege

Um möglichst lange Freude am Kupfergeschirr zu haben, müssen ein paar grundlegende Faktoren beachtet werden. So handelt es sich bei Kupfer um ein sehr weiches Material, das im Umkehrschluss auch sehr kratzempfindlich ist. Deshalb ist für einen dauerhaften Werterhalt eine gewissenhafte Pflege des Geschirrs notwendig. Der Pflegeaufwand lässt sich schließlich bei regelmäßiger Anwendung weniger Pflegetipps auf ein Minimum reduzieren.

## Vor dem ersten Gebrauch

Häufig wird Kupfergeschirr ab Werk mit einer leichten Schicht Öl überzogen, um das Metall für den Transport und vor dem Anlaufen zu schützen. Auf der Kupferoberfläche können sich so Schlieren bilden, die vor dem ersten Gebrauch in jedem Fall zu entfernen sind. Hierfür das Geschirr mit heißem Wasser und etwas Spülmittel abwaschen.

## Die richtige Reinigung

Für die Reinigung von Kupfergeschirr ist ein Spülen von Hand zu empfehlen. Dabei das Geschirr nach dem Kochen abkühlen lassen, mit etwas Küchenkrepp auswischen und unter heißem Wasser abwaschen. Nicht die raue Seite eines Spülschwamms benutzen und unbedingt auf die Verwendung von Stahlwolle oder einer Kratzbürste verzichten. Idealerweise wird das Geschirr mit einem weichen Spültuch oder einer sanften Bürste gesäubert und mit einem weichen Geschirrtuch sofort abgetrocknet. Zur Unterstützung des Spülvorgangs darf schließlich auf ein mildes Spülmittel zurückgegriffen werden, oft lassen sich aber alle Ablagerungen allein mit Wasser rückstandslos entfernen.

Das Kupfergeschirr besser nicht in der Spülmaschine reinigen (auch wenn es grundsätzlich spülmaschinenfest ist), da die hohe Laugenkonzentration das Material angreift und die Brateigenschaften auf Dauer negativ beeinflussen kann.

## Traditionelle Patina oder Hochglanzoptik

Reines Kupfer ist von einer glänzenden, rot-braunen Farbe, seine Oberfläche oxidiert jedoch an der Luft und mit Wasser zu einer erst dunkelbraunen, dann grünlich matten Schicht. Diese grünlich-blauen Kupferkarbonatschichten schützen das Metall vor Verwitterung und sind oftmals – gerade im Außenbereich oder in Wasserleitungen – erwünscht. Auch Kupfertöpfe färben sich durch das Erhitzen auf ganz natürliche Weise, nehmen verschiedene Farbtöne an und bilden eine Patina aus, die als traditionelle Note wertgeschätzt wird und an der Außenschicht des Topfes völlig unbedenklich ist.

*Gestapeltes Kupfergeschirr*

Nach Wunsch kann das Kupfer poliert werden: Mattiertes Kupfer mit einem Vliespad pflegen. Dabei das Vlies bei der Reinigung nicht in vertikaler, sondern immer in horizontaler Richtung und mit der Struktur des Metalls bewegen. Für hochglänzendes Kupfer spezielle Pflegemittel (z. B. Reinigungscreme von »Bistro«) verwenden und je nach Pflegeanweisung vorgehen. In der Regel wird das Kupfergeschirr zuerst mit warmem Wasser angefeuchtet, anschließend mit der Reinigungscreme poliert, diese wiederum abgespült und das Kupfer abgetrocknet. Um den Glanz (zumindest kurzzeitig) zu konservieren, kann alternativ auch auf Hausmittelchen zurückgegriffen und das Kupfer mit einer Zitronenscheibe abgerieben werden.

## Grünspan richtig entfernen

Reines Kupfer bildet mit Feuchtigkeit, Sauerstoff und Essigsäure ein Gemisch basischer Kupfer(II)-Acetate von grüner oder blauer Farbe, das sich am Metall ablagern. Diese Kupfersalze (ugs. als »Kupferrost« oder »Grünspan« bezeichnet) greifen nicht nur das Material an, sondern sind darüber hinaus für den menschlichen Organismus giftig und müssen vor dem Gebrauch des Kupfergeschirrs unbedingt restlos entfernt werden. Für ein vollständiges Entfernen von Grünspan auf Kupfer kann auf chemische Hilfs- oder altbekannte Hausmittel zurückgegriffen werden: Im Fachhandel erhältlich ist Sulfamidsäure, das nach Verpackungsangabe zu verwenden ist. Alternativ eine Mischung aus Salz, Essig und Wasser oder Buttermilch und Salz anrühren, das Kupfer damit einreiben, mit viel lauwarmem Wasser abspülen und mit einem Tuch nachpolieren. Auch ein in Alkohol getränkter Lappen kann für die Reinigung von Kupfergeschirr verwendet werden. Unabhängig vom Reinigungsmittel dieses jeweils ein paar Minuten einwirken lassen, sodass sich die Kupfersalze lösen können, und beim Entfernen von Grünspan am besten immer Handschuhe tragen.

# Noch ein paar kurze, wissenswerte Fakten zu Kupfer

Kupfer ist ein chemisches Element mit dem Symbol **Cu** und der Ordnungszahl 29 im Periodensystem.

Der Schmelzpunkt von Kupfer liegt bei **1.083 °C**.

Rund **15.000 t** Kupfer wurden einst jährlich vom Römischen Reich gefördert. Heute ist Chile mit **5.600 t** jährlich Hauptförderungsland.

Die ältesten Kupferfunde stammen aus dem vorderasiatischen Raum und lassen sich auf **8000 v. Chr.** datieren. Dabei handelt es sich um kleine Perlen.

In der **Kupfersteinzeit** (ca. 4300–2200 v. Chr.) wurden die grundlegenden Techniken der Metallgewinnung und -verarbeitung entwickelt.

Der Kupfergehalt in der Erdkruste liegt bei **0,006 %**.

Der wertvolle Rohstoff Kupfer und die hieraus hergestellten Produkte sind zu fast **100 %** recyclebar.

Kupfer ist wichtiges Spurenelement. Laut Deutscher Gesellschaft für Ernährung sollte ein Erwachsener **pro Tag 1–1,5 mg** aufnehmen. Eine Tafel Schokolade enthält etwa 12,5 mg Kupfer.

Es gibt in Deutschland nur **1** Kupfermanufaktur, die Kochgeschirr aus dem edlen Material herstellt.

Für gutes Kupfergeschirr sollte man etwas tiefer in die Tasche greifen: Ein hochwertiger Kupfertopf ist **ab 200 €** erhältlich.

Die Wärmeleitfähigkeit von Kupfer ist **20 Mal höher** als die von Edelstahl und 1 Liter Wasser braucht in einem Kupfertopf gerade einmal 60 Sekunden, um den Siedepunkt zu erreichen.

Etwa **250 °C** verträgt ein Kupfertopf, dann verzieht sich das Material: nichts fürs scharfe Anbraten von Steak & Co.!

# »Steinpilzrisotto aus dem Kupfersautoir«

Interview mit Marc Weyersberg
von Thomas Schulz

Marc Weyersberg mit einer Drückrolle

*Im Jahr 2009 übernahm Marc Weyersberg nach beruflichen Stationen bei großen Kochgeschirrherstellern in Frankreich und Schweden eine kleine Kupfermanufaktur in Starzach bei Stuttgart. In Handarbeit angefertigt werden die Kupfererzeugnisse in einer lokal ansässigen Werkstatt, präsentiert im Showroom auf Schloss Weitenburg und verkauft im Fachhandel. In der Abgelegenheit, am nördlichen Talhang, reifen schließlich auch die Ideen für ganz neue, innovative Kupferprodukte. So macht Weyersbergs spezielle Edelstahleinlage die kupferne Handwerkskunst alltagstauglich, da mit dieser die chemische Reaktion von Kupfer mit Lebensmitteln und die Bildung von giftigem Kupferacetat unterbunden wird. Zudem wurde wegen der fehlenden ferromagnetischen Eigenschaften von Kupfer auch an einer Lösung für den Einsatz des Geschirrs auf Induktionsherden getüftelt. Heute ist die Manufaktur einer der hochwertigsten Kochgeschirrhersteller mit dem Label »Made in Germany«.*

**Wie groß ist Ihr Betrieb und wer liefert die Ideen für neue Produkte?**

Wir sind eine sehr kleine Manufaktur mit aktuell nur 5 Mitarbeitern, die hauptsächlich für Entwicklung, Marketing und Vertrieb zuständig sind. Unsere Produkte werden in einer familiengeführten Metalldrückerei bei Heilbronn gefertigt. Die Ideen haben in erster Linie wir selbst oder unsere Kunden bringen sich mit Anregungen ein. Außerdem tauschen wir uns oft mit Profiköchen aus, vor allem mit dem Chefkoch an unserem Standort auf Schloss Weitenburg. Hier erhalten wir gutes Feedback zu unseren Produkten und können Verbesserungsmöglichkeiten gemeinsam erörtern.

*Schloss Weitenburg, Starzach*

**Aufgrund des hohen Rohstoffwertes und seiner Langlebigkeit ist Kupfergeschirr nicht ganz günstig. Wer kauft die hochwertigen Töpfe und was sind Ihre Topseller?**

Unsere Kupfermanufakturprodukte sind ideal für anspruchsvolle Profiköche und werden vornehmlich von ambitionierten Hobbyköchen gekauft. Diese sind zum großen Teil Männer unterschiedlicher Altersgruppen. Unser aktueller Topseller ist zweifellos der Moscow Mule-Becher, unter den Töpfen verkaufen sich der Sautoir mit Stiel und der induktionsgeeignete Marmeladentopf am besten.

**Worauf sollte man beim Kauf eines Kupfertopfes besonders achten?**

Ein wesentliches Merkmal für einen guten Kupfertopf ist die Materialstärke des Kupfers, die zwischen 1,8 mm und 3 mm liegen sollte. Vor allem günstige Kupfertöpfe sind meist nur mit einer galvanisierten Kupferschicht überzogen, die jedoch lediglich eine optische Funktion hat. Denn bei dieser dünnen Materialschicht gehen alle guten Eigenschaften von Kupfer verloren. Einen guten Kupfertopf erkennt man also meist schon am Gewicht: Ein Topf mit einem Durchmesser von 24 cm wiegt etwa 3 kg.

**Unschlagbares Argument für einen Kupfertopf ist die ausgesprochen gute Wärmeleiteigenschaft des Materials. Viele Haushalte haben Herde mit Keramikkochfeld, das keine genaue Temperaturregelung erlaubt. Ist es hier sinnvoll, sich einen Kupfertopf zu kaufen?**

Kupfer als Material mit einer sehr unmittelbaren Reaktion auf Temperaturveränderungen macht in erster Linie auf Induktions- und Gasherden Sinn. Durch die Trägheit von Ceran-/Keramikkochfeldern geht dieser Vorteil von Kupfer leider verloren. Trotzdem muss man nicht erst die Küche umbauen, um die Vorzüge von Kupfer nutzen zu können, denn die gleichmäßige Wärmeverteilung im Topf ermöglicht insgesamt ein besonders schonendes Garen.

**Kochen Sie selbst zu Hause nur noch mit Kupfertöpfen? Und was ist Ihr Lieblingsgericht aus dem Kupfertopf?**

Nein, ich koche mit vielen Materialien, nicht nur mit Kupfer. Kupfer bringt seine Stärken immer dann ein, wenn es auf eine sehr gleichmäßige Temperaturverteilung ankommt. Dies ist bei empfindlichen Speisen der Fall, dann verwende ich sehr gerne mein Kupfergeschirr. So bereite ich meinen Heilbutt in der Kupferpfanne zu, möchte ich mir aber ein

Filetsteak braten, kommt eine Pfanne aus Gusseisen zum Einsatz. Bei Bratkartoffeln oder einem Wokgericht ist Gusseisen ebenfalls mein Favorit. Beim scharfen Anbraten von Kalbsknochen zur Zubereitung eines Fonds verwende ich am liebsten einen großen Edelstahltopf, denn im Kupfertopf sollte generell nichts scharf angebraten werden. Will ich den Fond allerdings zum Jus reduzieren, ist wiederum eine Sauteuse aus Kupfer mein Lieblingskochgeschirr. Jede Materialart hat, wie ich finde, in der Küche seine Daseinsberechtigung. Mein Lieblingsgericht aus dem Kupfersautoir ist Steinpilzrisotto.

**Wie gehen Sie mit dem weit verbreiteten Ammenmärchen um, Kochen in Kupfertöpfen sei gesundheitsschädlich?**

Die Vorurteile gegenüber Kupferkochgeschirr sind in den letzten zehn Jahren bereits deutlich weniger geworden. Kupfer ist heute populär und angesagt, was vor allem auch daran liegt, dass Kochen insgesamt einen hohen gesellschaftlichen Stellenwert bekommen hat - und dass mittlerweile auch viele Männer gerne am Herd stehen. Außerdem haben ein großes Medieninteresse, viele Kochsendungen und entsprechende Literatur in unzähligen Kochbüchern und Magazinen das Image von Kupfer stark aufgewertet.

**Dürfen Kupfertöpfe in die Spülmaschine?**

Ja, theoretisch schon. Wer auf gute Kochergebnisse Wert legt, spült aber von Hand und verzichtet auf die Maschine. Durch die hohe Laugenkonzentration infolge der Verwendung von Spültabs wird das Kochgeschirr mit einem feinen Laugenfilm überzogen, der dann wiederum die Gareigenschaften des Materials negativ beeinflusst. Ein edler Kupfertopf - genauso wie ein hochwertiges Kochmesser - hat daher in der Maschine eigentlich nichts verloren.

**Haben Sie für die Zukunft besondere Vorsätze?**

Unser Ziel ist es, die Eigenschaften von Kupferkochgeschirr immer weiter zu verbessern und mithilfe modernster deutscher Oberflächentechnologie neue Beschichtungsmöglichkeiten zu entwickeln. Und auch beim Design unserer Produkte arbeiten wir mit Nachdruck an einer steten Weiterentwicklung. Schließlich ist es mir sehr wichtig, auch künftig unsere Wertestandards besonders hoch zu halten, um die Herstellung edler und auch nachhaltiger Produkte zu gewährleisten.

*Marc Weyersberg mit zwei Butterpfännchen*

*Eine Pfanne aus der von Marc Weyersberg neu entwickelten Kupferserie Chrom Noir mit einer robusten und hitzebeständigen Antihaftbeschichtung*

# »Ich bin mit Kupfergeschirr aufgewachsen.«

Interview mit Gennaro Contaldo

*Gennaro Contaldo wuchs an der Amalfiküste in Süditalien auf und begann bereits im Alter von acht Jahren in lokalen Gaststätten zu arbeiten. Mit zwanzig ging er nach Großbritannien. Er arbeitete in vielen renommierten Restaurants und wurde als Mentor von Jamie Oliver bekannt. Auch Tim Mälzer hat im bekannten Londoner Neal Street Restaurant unter Gennaro gelernt. Sein erstes eigenes Londoner Restaurant nannte er »Passione«, welches 2005 zum besten italienischen Restaurant gewählt wurde.*

**Bereits in Ihrer Kindheit arbeiteten Sie in Restaurants und haben sehr früh das Kochen gelernt. Seit wann kochen Sie mit Kupfertöpfen und mit Kupferschüsseln?**

Im Grunde schon mein ganzes Leben lang. Ich bin mit Kupfergeschirr aufgewachsen, mein Vater, meine Mutter, meine ganze Familie verwendete für das alltägliche Kochen Kupferpfannen und -töpfe.

**Warum kochen Sie mit Kupfertöpfen und -pfannen? Und welche Eigenschaften am Kupfergeschirr schätzen Sie besonders?**

Die meisten Gerichte lassen sich einfach genial zubereiten und sie schmecken einfach besser. Kupfertöpfe heizen schnell und gleichmäßig auf und man benötigt keine große Hitze.

**Gibt es noch andere Vorteile von Kupfertöpfen gegenüber herkömmlichem Kochgeschirr?**

Nun, Kupfer wirkt antibakteriell und die Töpfe halten ein Leben lang, wodurch sich die hohe Investition rentiert. Außerdem verschönert Kupfergeschirr jede Küche: Es hat das besondere Etwas und lässt jeden Raum wärmer wirken.

**Welche Gerichte gelingen besonders gut in Kupfertöpfen, -pfannen und -schüsseln?**

Ich finde, dass sich Kupfergeschirr für fast alle Rezepte eignet. Aber heikle Saucen funktionieren besonders gut, weil man mit Kupfertöpfen mit niedrigeren Temperaturen arbeiten kann – da sind Katastrophen fast ausgeschlossen. Und natürlich Risotto und Polenta, die für uns Italiener immer wieder gute Alternativen für unsere geliebte Pasta darstellen.

**Kochen Sie auch Marmelade und Konfitüre im Kupfertopf ein?**

Unbedingt! Seit Generationen werden bei uns Konfitüren und Marmeladen im Kupfertopf eingekocht. Die Hitze verteilt sich einfach gleichmäßiger, man benötigt weniger Zucker und die Früchte behalten länger ihre natürliche Farbe. Außerdem schmeckt Marmelade aus dem Kupfertopf einfach besser.

*Gennaro Contaldo mit frisch gebackenem Brot – im Hintergrund ein Ausschnitt seiner Küche mit verschiedenen Kupfertöpfen*

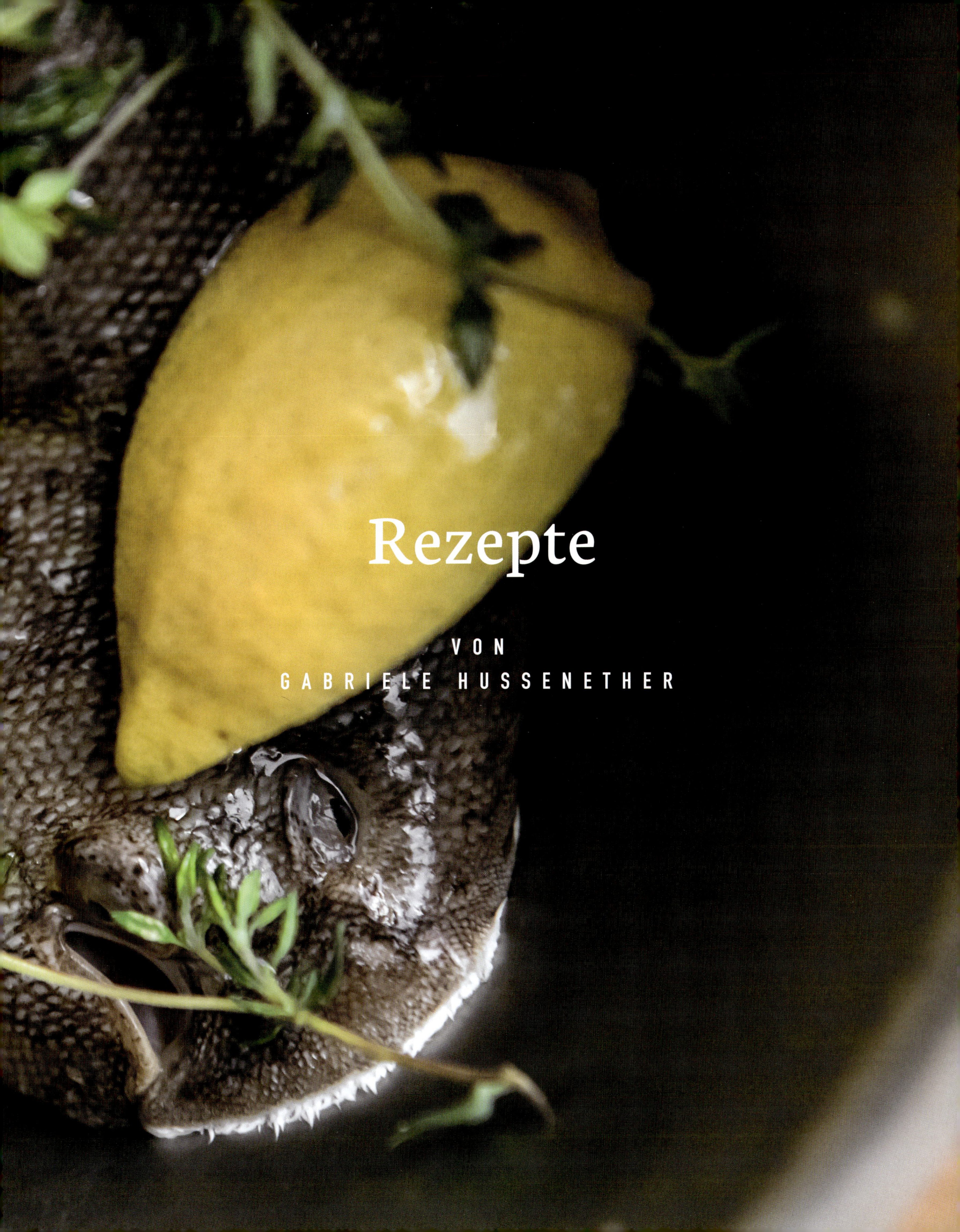

# Rezepte

VON
GABRIELE HUSSENETHER

# Zucchinisoufflé

*Für 4 Förmchen · Zubereitungszeit: 40–50 Minuten*

## ZUTATEN

250 g Zucchini, plus 4 Scheiben zum Servieren

Salz

Butter für die Förmchen und zum Braten

2 Bio-Eier

100 ml Sahne

frisch gehackte Petersilie

Abrieb von 1 Bio-Zitrone

schwarzer Pfeffer aus der Mühle

1 Prise Piment d'Espelette

2 Handvoll frischer Rucola

## EQUIPMENT

Schlagschüssel

4 Souffléförmchen à 75 ml Fassungsvermögen

Bratreine aus Aluminium

Sieb

*Zubereitung*

Die Zucchini waschen, grob raspeln und mit 1 Prise Salz würzen. In einem Sieb einige Zeit durchziehen lassen und vor der Weiterverarbeitung gut ausdrücken. Die Souffléförmchen mit etwas Butter einfetten.

Die Eier trennen. Eigelbe und Sahne miteinander verrühren, die Zucchiniraspeln mit den Händen gut ausdrücken und unter die Sahnemischung geben. Mit Petersilie, Zitronenabrieb, schwarzem Pfeffer und Piment d'Espelette abschmecken. Die Eiweiße in der Schlagschüssel mit 1 Prise Salz steif schlagen und unter die Zucchini heben.

Die Masse auf die Förmchen verteilen, sodass jede Form zu etwa zwei Drittel gefüllt ist, und diese in eine Bratreine mit hohem Rand stellen. Heißes Wasser hineingießen, sodass die Souffléförmchen zur Hälfte im Wasserbad stehen.

Den Backofen auf 210 °C Unterhitze (oder 190° Oberhitze) vorheizen und die Zucchinisoufflés etwa 20 Minuten backen.

Den Rucola waschen und trocken schütteln. Die Zucchinischeiben in etwas Butter anbraten und je eine auf einen Teller legen. Die Soufflés aus dem Ofen nehmen, sofort auf die Zucchinischeiben stürzen und mit dem Rucola garniert servieren.

*GUT ZU WISSEN*

*Ein Soufflé ist ein Gericht, das im heißen Wasserbad zubereitet wird: Die gefüllten Förmchen dürfen sich nicht berühren, außerdem braucht das Soufflé eher Unter- als Oberhitze, damit die Masse in den Förmchen gut stockt.*

# Geschmorte Sellerieknolle mit Joghurtsauce

*Für 2 Personen · Zubereitungszeit: 40 Minuten*

## ZUTATEN

Für die Joghurtsauce:

250 g griechischer Joghurt

1 EL Walnüsse

1 TL Selleriesaat

Selleriesalz

1 TL Walnussöl

frisch gehackte Petersilie oder Estragon

Für den Sellerie:

2 junge Knollensellerie

2 Knoblauchzehen

100 g Butter

1 TL Selleriesaat

ein paar grob zerstoßene Wacholderbeeren

ein paar Pfefferkörner

Selleriesalz

etwas Abrieb und Saft von 1 Bio-Zitrone (nach Belieben)

*Zubereitung*

Für die Joghurtsauce ein Sieb mit einem Mulltuch auslegen. Den Joghurt darin über Nacht abtropfen lassen.

Für den Sellerie die beiden Knollen gut waschen und achteln. Den Knoblauch schälen und mit einem Messer zerdrücken. Die Butter in einer Sauteuse zerlassen und Selleriestücke, -saat, Wacholderbeeren und Pfefferkörner darin schwenken. Einen Deckel auflegen und etwa 30 Minuten sanft schmoren lassen. Dabei den Sellerie gelegentlich wenden. Sobald die Stücke weich sind, mit Selleriesalz und nach Belieben mit Zitronenabrieb sowie -saft abschmecken.

Die Walnüsse für die Sauce in einer Pfanne ohne Fett anrösten. Die Selleriesaat kurz mitrösten. Den abgetropften Joghurt mit Selleriesalz mischen und mit Walnussöl abschmecken.

Den Joghurt auf Schalen verteilen, den geschmorten Sellerie darauf anrichten und mit Walnüssen, Selleriesaat und frischer Petersilie bestreut servieren.

GUT ZU WISSEN

*Einige Gemüse schmecken aromatischer, wenn sie ungeschält zubereitet werden, so z. B. Rote Bete, Karotten und Knollensellerie – dann aber gut waschen!*

## EQUIPMENT

Gemüsebürste

Sauteuse mit Deckel

Mulltuch

Sieb

# Gebratener Fenchel mit Salbei

*Für 2 Personen · Zubereitungszeit: 30 Minuten*

## ZUTATEN

2 große Fenchelknollen, plus frisches Fenchelgrün zum Servieren

4 EL Olivenöl

1 TL Fenchelsaat

1 Knoblauchzehe

1 Stängel frischer Salbei, plus ein paar frische Blätter zum Servieren

2 EL Puderzucker

3 cl Pastis

Salz

ein paar schwarze Oliven ohne Stein (in Olivenöl eingelegt)

2–3 getrocknete Tomaten

1 EL Pinienkerne

Burrata zum Servieren (nach Belieben)

## EQUIPMENT

Kupfertopf

Kupferpfanne

Sieb

*Zubereitung*

Den Fenchel waschen, putzen, das Fenchelgrün beiseitelegen und zähe äußere Schichten abziehen. Die Knollen je nach Größe vierteln oder achteln. In einem Topf Salzwasser zum Kochen bringen und den Fenchel darin 10 Minuten blanchieren. Darauf achten, dass er nicht zu weich wird. Herausnehmen und gut abtropfen lassen.

Das Olivenöl in einer Pfanne erhitzen und die Fenchelsaat darin anschwitzen. Den Knoblauch häuten und klein schneiden, die Salbeiblätter abzupfen. Beides zusammen mit den Fenchelstücken zugeben und anbraten. Den Puderzucker darübersieben und unter gelegentlichem Wenden karamellisieren lassen, bis der Fenchel goldbraun ist. Mit Pastis ablöschen und mit Salz abschmecken.

Oliven und Tomaten klein schneiden. Eine kleine Pfanne ohne Fett erhitzen und die Pinienkerne darin anrösten. Darauf achten, dass sie nicht zu dunkel werden.

Den Fenchel mit Oliven, Tomaten und Pinienkernen bestreut und mit Salbeiblättern und Fenchelgrün dekoriert auf einer Servierplatte oder auf Tellern anrichten. Nach Belieben Burrata dazu reichen.

*GUT ZU WISSEN*

*Beim Zerteilen der Fenchelknollen darauf achten, nicht das untere Ende abzuschneiden. So fallen die einzelnen Schichten beim Blanchieren nicht auseinander und holzige Teile können noch im Nachgang entfernt werden.*

# Bohnencassoulet

*Für 4 Personen · Zubereitungszeit: 50 Minuten*

## ZUTATEN

2 Frühlingszwiebeln

100 g grüne Bohnen

100 g gelbe Wachsbohnen

100 g frische Saubohnen

100 g frische Erbsen

100 g Zuckerschoten

100 g Butter

200 ml Gemüsebrühe

Salz

1 oder 2 Stängel frisches Bohnenkraut

etwas Salbei zum Anrichten

grob zerstoßener Tellicherry-Pfeffer

*Zubereitung*

Die Frühlingszwiebeln putzen und vierteln. Die grünen und gelben Bohnen in einem Sieb unter fließendem Wasser abspülen, abtropfen lassen und in gleichmäßig große Stücke schneiden. Die Saubohnen aus den Hülsen lösen und anschließend noch anhaftende grüne Häutchen vorsichtig entfernen. Die Erbsen palen. Die Zuckerschoten waschen, die Enden abschneiden und die Fäden an den Längsseiten abziehen.

Die Butter in einer Pfanne zerlassen. Die Frühlingszwiebeln zugeben und goldgelb anschwitzen, dann die Bohnen hinzufügen und kurz mitbraten. Nach und nach die ganze oder aber nur so viel Gemüsebrühe zugießen, bis die Bohnen bedeckt sind. Mit Salz würzen, das Bohnenkraut hineinlegen und alles zum Kochen bringen. Etwa 10 Minuten leicht simmern lassen. Erbsen und Zuckerschoten zufügen und weitere 5 Minuten köcheln lassen, bis die Erbsen weich sind. Mit Pfeffer würzen und das zerkochte Bohnenkraut entfernen.

Die Suppe in Schalen füllen, etwas Bohnenkraut klein schneiden und darüberstreuen.

*GUT ZU WISSEN*

*Ein guter vegetarischer Hauptgang, aber auch als Beilage zu Lamm ganz ausgezeichnet. Für den Geschmack unbedingt viel frisches Bohnenkraut verwenden.*

## EQUIPMENT

Sautoirpfanne

Sieb

# Gemüseminestrone

*Für 4 Personen · Zubereitungszeit: 30–40 Minuten*

## ZUTATEN

2 EL Olivenöl

150 g geräucherter Speck oder Pancetta

1 EL Fenchelsaat

2 Kartoffeln

2 Karotten

2 Zwiebeln

1 kleiner Blumenkohl

100 g grüne Bohnen

Salz

ein paar Safranfäden

2 EL Butter

200 g Mangold

1 Knoblauchzehe

etwas Tomatenmark

schwarzer Pfeffer aus der Mühle

frisch geriebener Parmesan zum Servieren (nach Belieben)

frisch gehackte Petersilie zum Servieren (nach Belieben)

## EQUIPMENT

Kupfertopf

*Zubereitung*

Das Olivenöl in einem Topf erhitzen. Den Speck klein schneiden und zusammen mit der Fenchelsaat darin anrösten. In der Zwischenzeit alles Gemüse putzen, waschen und klein schneiden, den Blumenkohl in Röschen zerteilen und die Bohnen in Stücke schneiden.

In einem Topf 1 l Wasser zum Kochen bringen, salzen, Blumenkohl und Safran hineingeben und etwa 8 Minuten köcheln lassen, bis der Blumenkohl gar ist. Abseihen und den Safran nach Möglichkeit auffangen.
In einer Pfanne etwas Butter erhitzen. Den Mangold waschen, trocken schütteln, in Stücke schneiden und darin anschwitzen. Den Knoblauch klein hacken, mit etwas Tomatenmark zum Mangold geben und ebenfalls andünsten. Beiseitestellen.

Das restliche Gemüse in einen Topf füllen, kurz andünsten und mit so viel kaltem Wasser aufgießen, bis es gut bedeckt ist. Sobald das Gemüse weich ist, Blumenkohl mit Safran und Mangold dazugeben und mit Salz und Pfeffer abschmecken.

Die Minestrone in Suppenteller geben und nach Belieben Parmesan und Petersilie darüberstreuen.

### GUT ZU WISSEN

*Nicht alles Gemüse auf einmal in den Topf geben, sondern nach Garzeit unterscheiden: Es können z. B. Kartoffeln und Karotten gleich zu Beginn mitgekocht werden, weil sie fester sind. So bekommt man eine gute Konsistenz.*

# Sauerampfersuppe

*Für 2 Personen · Zubereitungszeit: 30 Minuten*

## ZUTATEN

1 Zwiebel

2 mehligkochende Kartoffeln

1 EL Butter

400 ml Geflügel- oder Gemüsebrühe

Salz

2 große Hände frischer Sauerampfer

100 ml Sahne

schwarzer Pfeffer aus der Mühle

Saft von ½ Zitrone

in Butter geröstete Brotcroûtons oder kleine angebratene Kartoffelwürfel zum Servieren

*Zubereitung*

Die Zwiebel häuten, die Kartoffeln schälen und beides in kleine Würfel schneiden. Die Butter in einem Topf zerlassen und die Zwiebel darin goldgelb anschwitzen. Die Kartoffeln zugeben, etwa 200 ml Brühe zugießen und zum Kochen bringen. Mit Salz würzen und so lange köcheln lassen, bis das Gemüse weich ist.

Den Sauerampfer waschen und trocken schütteln. Die Hitze reduzieren, die restliche Brühe zufügen und erwärmen. Den Sauerampfer in die Suppe geben, sofort mit dem Stabmixer glatt pürieren und die Sahne unterziehen. Mit Pfeffer und Zitronensaft abschmecken.

Auf Schüsseln verteilen und mit Brotcroûtons servieren. Auch kleine goldgelb angebratene Kartoffelwürfel eigenen sich als Garnitur.

*GUT ZU WISSEN*

*Sauerampfer steckt voller Vitamine und hilft im Frühjahr, die Reserven wieder aufzufüllen. Am besten erst kurz vor dem Servieren in die Suppe geben, denn so behält er seine schöne grüne Farbe. Der Farbe wegen lässt sich die Suppe leider auch nicht gut aufwärmen.*

## EQUIPMENT

Kupfertopf

Stabmixer

# Kichererbsensuppe mit Mangold

*Für 4 Personen · Zubereitungszeit: 30 Minuten, plus 1 Stunde für das Kochen der Kichererbsen*

## ZUTATEN

150 g Kichererbsen

1 TL geröstete Kreuzkümmelsamen

1 Schalotte, fein gewürfelt

1 Knoblauchzehe, fein gewürfelt

2 EL Olivenöl, plus etwas mehr zum Servieren

Salz

12–16 Mangoldblätter (je nach Größe)

1 rote Chilischote (nach Belieben)

1 EL Butter

1 Dose (400 g) San-Marzano-Tomaten in Stücken

750 ml Gemüsebrühe

## EQUIPMENT

Kupfertopf

Kupferpfanne

*Zubereitung*

Die Kichererbsen in einer Schüssel großzügig mit Wasser bedecken und über Nacht einweichen.

Das Einweichwasser abgießen, die Kichererbsen unter fließendem Wasser abspülen und in einen großen Topf füllen. Mit Wasser bedecken und mit ½ TL Kreuzkümmel zum Kochen bringen. So lange köcheln lassen, bis die Kichererbsen weich sind, dann abseihen.

Schalotte und Knoblauch häuten und fein würfeln. In einer Pfanne etwas Olivenöl erhitzen und die Schalotte darin goldgelb anschwitzen. Restlichen Kreuzkümmel und Knoblauch dazugeben und die Kichererbsen unterrühren. Gut mit Salz würzen.

Die Mangoldblätter von den Stielen befreien, waschen und trocken schütteln. Nach Belieben eine Chilischote in feine Ringe schneiden. Die Butter in einer Pfanne zerlassen und die Mangoldblätter darin kurz dünsten. Tomaten und Chilischote untermengen, mit Gemüsebrühe auffüllen und mit Salz abschmecken.

Die Suppe in tiefen Schüsseln servieren und jeweils etwas Olivenöl darüberträufeln.

*GUT ZU WISSEN*

*Für dieses Rezept werden nur die Blätter des Mangolds benötigt. Die Stiele eignen sich – in Stücke geschnitten, in Salzwasser blanchiert und mit Balsamicoessig, Knoblauch und Olivenöl mariniert – prima als Salat.*

# Zwiebelsuppe

*Für 4 Personen · Zubereitungszeit: 60 Minuten*

## ZUTATEN

400 g weiße Zwiebeln

40 g Butter

1 Lorbeerblatt

1 EL Mehl

200 ml Weißwein

600 ml Kalbsfond (siehe Seite 106)

etwas Sahne

Salz und schwarzer Pfeffer aus der Mühle

4 Scheiben Baguette

100 g geriebener Gruyère oder Comté

frisch gehackte Petersilie zum Servieren

*Zubereitung*

Die Zwiebeln schälen, halbieren und in dünne Scheiben schneiden. Die Butter in einem Topf zerlassen und die Zwiebeln sowie das Lorbeerblatt unter gelegentlichem Rühren darin etwa 20 Minuten schmoren. Darauf achten, dass die Zwiebeln nicht braun werden. Das Mehl darüberstäuben und Weißwein sowie Kalbsfond schöpflöffelweise zugießen und gelegentlich umrühren, sodass das Mehl nicht klumpt. Zum Kochen bringen und weitere 30 Minuten köcheln lassen: Die Suppe sollte sämig in der Konsistenz sein. Bei Bedarf zur Abrundung 1 Schuss Sahne untermischen. Mit Salz und Pfeffer abschmecken.

Den Backofen auf 200 °C Oberhitze vorheizen.

Die Baguettescheiben im Ofen rösten, den Käse daraufgeben und schmelzen lassen. Das Lorbeerblatt aus der Suppe nehmen, die Suppe in Schalen füllen und jeweils mit einer überbackenen Brotscheibe sowie mit Petersilie bestreut servieren.

*GUT ZU WISSEN*

*Zwiebeln werden durch langes Schmoren süß und verlieren ihre Schärfe. Bei einer Zwiebelsuppe müssen sie so weich sein, dass sie mit der Zunge am Gaumen zerdrückt werden können.*

## EQUIPMENT

Kupfertopf

# Bouillabaisse mit frischer Knoblauchmayonnaise

*Für 4 Personen · Zubereitungszeit: 60 Minuten*

## ZUTATEN

Für die Brühe:

120 g Lauch

60 g Butter

ein paar Safranfäden

1 Schuss Wermut (Noilly Prat)

1 Schuss Weißwein

200 ml Fischfond

Fleur de Sel

weißer Pfeffer aus der Mühle

Für die Knoblauchmayonnaise:

2 Eigelb

1 EL feiner Dijonsenf

250 ml Sonnenblumenöl

2 Knoblauchzehen

frisch gepresster Saft 1 Zitrone

Fleur de Sel

Piment d'Espelette

Für den Fisch:

250 g Doradenfilet mit Haut

250 g Steinbuttfilet ohne Haut

Fleur de Sel

weißer Pfeffer aus der Mühle

frische Kräuter (z. B. Dill oder Fenchelgrün) zum Servieren

## EQUIPMENT

tiefe Kupferpfanne

Stabmixer, Rührschüssel

Kupfertopf

*Zubereitung*

Für die Brühe den Lauch gründlich waschen, putzen und in sehr dünne Ringe schneiden. Die Butter in einer Pfanne zerlassen und den Lauch mit dem Safran darin kurz anschwitzen. Mit Wermut ablöschen und reduzieren lassen, dann Weißwein und Fischfond zugießen. Einige Minuten köcheln und mit Fleur de Sel und Pfeffer abschmecken.

In der Zwischenzeit die Knoblauchmayonnaise vorbereiten. Mit dem Stabmixer Eigelbe und Senf in einer Rührschüssel aufschlagen, bis eine glänzende Masse entstanden ist. Weiter mixen und dabei das Sonnenblumenöl tröpfchenweise zugießen. Bevor jeweils der nächste Tropfen beigemischt wird, muss das Öl gut mit den anderen Zutaten verbunden und die Mischung angedickt sein. Sobald die Masse dickflüssig ist, das restliche Öl in feinem Strahl zugießen. Den Knoblauch häuten und zerdrücken. Zusammen mit dem Zitronensaft unter die Knoblauchmayonnaise mengen und mit Fleur de Sel und Piment d'Espelette abschmecken.

Die Fischfilets mit Fleur de Sel und Pfeffer würzen, klein schneiden, in die Brühe legen (darauf achten, dass die Haut der Dorade nach oben zeigt) und etwa 10 Minuten gar ziehen lassen.

Die Bouillabaisse in tiefe Schalen füllen und mit frischen Kräutern servieren. Die frische Knoblauchmayonnaise dazu reichen.

*GUT ZU WISSEN*

*Den Safran immer als ganze Fäden kaufen und nicht in Pulverform. Nur so lässt sich sicherstellen, dass es echter Safran ist.*

# Risotto mit grünem Spargel

*Für 2 Personen · Zubereitungszeit: 30 Minuten*

## ZUTATEN

150 g Butter, plus etwas mehr (nach Belieben)

2 Schalotten

160 g Risottoreis (z. B. Carnaroli)

100 ml Weißwein

1 l heiße Geflügelbrühe (siehe Seite 105)

60 g frisch geriebener Parmesan, plus etwas mehr zum Servieren

200 g grüner Spargel

Salz und schwarzer Pfeffer aus der Mühle

frisch gehacktes Basilikum

## *Zubereitung*

In einem Topf 100 g Butter zerlassen, die Schalotten häuten, klein würfeln und darin goldgelb anschwitzen. Darauf achten, dass sie nicht zu dunkel werden.

Den Reis zugeben und so lange rühren, bis die Körner glasig sind. Mit so viel Weißwein begießen, dass der Reis gerade bedeckt ist. Unter ständigem Rühren köcheln lassen, bis der Reis den Weißwein vollständig aufgesogen hat. Schöpflöffelweise die Geflügelbrühe zugießen, kochen, bis diese absorbiert ist, und fortfahren, bis diese aufgebraucht und der Reis gar ist. In der Regel dauert das etwa 20 Minuten. Vom Herd nehmen und Parmesan sowie nach Belieben Butter untermischen, bis eine cremige Konsistenz erreicht ist. Warm halten.

Den Spargel putzen und schräg in gleichmäßig dicke Scheiben schneiden, das harte hintere Ende entsorgen. In einer Pfanne 50 g Butter anschwitzen, die Spargelscheiben hinzugeben mit Salz und Pfeffer abschmecken und mit frischem Basilikum bestreuen. Etwa zwei Drittel des Spargels unter das Risotto heben.

Das Risotto in tiefe Teller füllen, Parmesan darübergeben und die restlichen Spargelscheiben daraufsetzen. Mit frisch gemahlenem Pfeffer bestreuen und servieren.

### *GUT ZU WISSEN*

*Die Italiener nehmen für rohen Reis eine Espressotasse pro Person als Maßeinheit – allerdings nur als primo piatto.*

## EQUIPMENT

Sautoir mit Stiel

kleine Stielpfanne

# Risotto mit Pfifferlingen

*Für 2 Personen · Zubereitungszeit: 30 Minuten*

## ZUTATEN

150 g Butter, plus etwas mehr (nach Belieben)

1 Zwiebel

160 g Risottoreis (z. B. Arborio)

100 ml Weißwein

1 l Geflügelbrühe (siehe Seite 105)

60 g frisch geriebener Parmesan, plus etwas mehr zum Servieren

100 g Pfifferlinge

Salz

frisch gehackte Petersilie zum Servieren

schwarzer Pfeffer aus der Mühle

## EQUIPMENT

Sautoir mit Stiel

kleine Stielpfanne

### *Zubereitung*

In einem Topf 100 g Butter zerlassen, die Zwiebel häuten, klein würfeln und darin goldgelb anschwitzen. Darauf achten, dass sie nicht zu dunkel wird.

Den Reis zugeben und so lange rühren, bis die Körner glasig sind. Mit so viel Weißwein begießen, dass der Reis gerade bedeckt ist. Unter ständigem Rühren köcheln lassen, bis der Reis den Weißwein vollständig aufgesogen hat. Schöpflöffelweise die Geflügelbrühe zugießen, kochen, bis diese absorbiert ist, und fortfahren, bis diese aufgebraucht und der Reis gar ist. In der Regel dauert das etwa 20 Minuten. Vom Herd nehmen und Parmesan sowie nach Belieben Butter untermischen, bis eine cremige Konsistenz erreicht ist. Warm halten.

Die Pfifferlinge putzen, sehr große Pilze halbieren oder vierteln. In einer kleinen Pfanne 50 g Butter anschwitzen, die Pilze hinzugeben und mit Salz würzen.

Das Risotto in tiefe Teller füllen, Parmesan und frische Petersilie darübergeben. Die Pfifferlinge daraufsetzen und mit frisch gemahlenem Pfeffer bestreuen.

### *GUT ZU WISSEN*

*Die Pfifferlinge am besten zunächst in ein Sieb geben, leicht mit Mehl bestäuben und erst dann unter dem Wasserhahn kurz abbrausen. So saugen sich die Pilze nicht mit zu viel Wasser voll und werden trotzdem von Sand befreit.*

# Risotto mit Emmer

*Für 2 Personen · Zubereitungszeit: 30 Minuten*

## ZUTATEN

100 g Butter, plus etwas mehr (nach Belieben)

1 mittelgroße Zwiebel

160 g Emmerreis

1 Schuss Weißwein

1 l Geflügelbrühe

Meersalz

60 g frisch geriebener Parmesan, plus etwas mehr zum Servieren

1 Handvoll Zuckerschoten

schwarzer Pfeffer aus der Mühle

## *Zubereitung*

Die Butter in einem Topf zerlassen, die Zwiebel häuten, klein würfeln und darin goldgelb anschwitzen. Darauf achten, dass sie nicht zu dunkel wird.

Den Emmerreis zugeben und so lange rühren, bis die Körner rundum mit Butter benetzt sind. Mit so viel Weißwein begießen, dass der Reis gerade bedeckt ist. Unter ständigem Rühren köcheln lassen, bis der Reis den Weißwein vollständig aufgesogen hat. Schöpflöffelweise die Geflügelbrühe zugießen, kochen, bis diese absorbiert ist, und fortfahren, bis sie aufgebraucht und der Reis gar ist. In der Regel dauert das etwa 20 Minuten. Vom Herd nehmen und Parmesan sowie nach Belieben Butter untermischen, bis eine cremige Konsistenz erreicht ist. Ein paar Minuten ruhen lassen.

Derweilen die Zuckerschoten 2 Minuten in Salzwasser blanchieren, danach in Butter schwenken und etwas salzen.

Das Risotto in tiefe Teller füllen, noch mehr Parmesan darübergeben und mit den Zuckerschoten und frisch gemahlenem Pfeffer bestreut servieren.

### *GUT ZU WISSEN*

*Für dieses Rezept Emmerreis verwenden. Mit reinem Emmer als Vollkorngetreide dauert die Zubereitung länger und das Risotto wird nicht so cremig.*

## EQUIPMENT

Stielpfanne

Sautoir mit Stiel

Stielkasserolle

# Graupenrisotto mit Burrata

*Für 2 Personen · Zubereitungszeit: 30 Minuten*

## ZUTATEN

100 g Butter

2 Schalotten

160 g feine Perlgraupen

1 Schuss weißer Sherry

Salz

1 EL Senfsaat

900 ml Geflügelbrühe

1 kleine Karotte

1 Stange Staudensellerie (à 30 g)

1 Stück Lauch (à 30 g)

1 EL grober Dijonsenf

60 g frisch geriebener Parmesan

frisch gehackter Schnittlauch zum Servieren

Burrata zum Servieren

*Zubereitung*

Die Butter in einer Pfanne zerlassen. Die Schalotten häuten, in feine Würfel schneiden und darin goldgelb anschwitzen.

Die Graupen unterrühren, sodass alle Körner mit Butter benetzt sind, und mit Sherry ablöschen. Mit Salz würzen und die Senfsaat zufügen.

Schöpflöffelweise die Geflügelbrühe zugießen, kochen, bis die Brühe absorbiert ist, und fortfahren, bis diese aufgebraucht ist. Etwa 5 Minuten vor Garende Karotte, Sellerie und Lauch waschen und in sehr kleine Würfel schneiden.

Zusammen mit dem Senf zum Risotto geben, den Parmesan unterheben und ein paar Minuten ziehen lassen.

Das Graupenrisotto auf tiefe Teller verteilen, mit Schnittlauch bestreuen und mit etwas Burrata servieren

*GUT ZU WISSEN*

*Perlgraupen zählen zu den ältesten Kulturpflanzen der Menschheit. Für dieses Rezept am besten feine verwenden, denn mit diesen wird das Risotto schön cremig.*

## EQUIPMENT

tiefe Kupferpfanne

# Paella mit Bohnen

*Für 2 Personen · Zubereitungszeit: 30 Minuten, plus 1 Stunde für die Bohnen*

## ZUTATEN

100 g getrocknete weiße Cannellini-Bohnen

1 Knoblauchzehe

1 Stängel frischer Salbei

Salz

1 Msp. Safranfäden

100 g grüne Stangenbohnen

2 Tomaten

100 g grüne Erbsen

2 EL Olivenöl

120 g Paellareis

750 ml Gemüse- oder Geflügelbrühe (siehe Seiten 105 und 106)

Piment d'Espelette

Paprikapulver rosenscharf

## *Zubereitung*

Die getrockneten Bohnen in einer Schüssel großzügig mit Wasser bedecken und mit 1 Knoblauchzehe und Salbei über Nacht einweichen.

Das Einweichwasser abgießen, die Bohnen unter fließendem Wasser abspülen und in einen großen Topf füllen. Mit Wasser bedecken und gar kochen. Abseihen und mit Salz würzen.

Den Safran in eine Tasse geben und mit 5 EL warmem Wasser übergießen. Beiseitestellen und ein paar Minuten ziehen lassen. Die Bohnen putzen, in Stücke schneiden und ein paar Minuten in Salzwasser blanchieren. Die Tomaten mit heißem Wasser übergießen, häuten und in Würfel schneiden. Die Erbsen palen.

Das Olivenöl in einer großen Paellapfanne erhitzen und die Tomaten darin anschwitzen. Den Reis zufügen und mit der Geflügelbrühe aufgießen. Safran mitsamt Einweichwasser dazugeben und unter gelegentlichem Rühren 10 Minuten köcheln lassen. Die Hitze reduzieren, weiße sowie grüne Bohnen und Erbsen unterrühren und so lange weiterköcheln, bis die gesamte Brühe aufgesogen ist. Mit Salz und Piment d'Espelette oder Paprikapulver abschmecken und servieren.

*GUT ZU WISSEN*

*Am besten die Safranfäden vor der Zubereitung eine Weile in lauwarmem Wasser einweichen. So bekommt der Reis eine schöne gelbe Farbe.*

## EQUIPMENT

Schlemmerpfanne

# Paella mit Garnelen, Langostinos und Muscheln

*Für 2 Personen · Zubereitungszeit: 40 Minuten*

## ZUTATEN

4–5 EL Olivenöl

4 rohe Riesengarnelen mit Kopf

2 Tomaten

120 g Paellareis

750 ml Fischfond

1 Msp. Safranfäden

Salz

500 g Herzmuscheln

4 Langostinos mit Kopf und Scheren (aus Island oder Frankreich) pro Stück 80–100 g

½ Bund frische Petersilie

*Zubereitung*

Das Olivenöl in einer großen Paellapfanne erhitzen. Die Garnelen darin von allen Seiten kurz anbraten, herausnehmen und beiseitelegen.

Die Tomaten mit heißem Wasser übergießen, häuten, in Würfel schneiden und in der Pfanne anschwitzen. Den Reis zufügen und mit dem Fischfond angießen. Safran dazugeben, mit Salz würzen und unter gelegentlichem Rühren 10 Minuten köcheln lassen.

In der Zwischenzeit die Muscheln putzen, Bärte und Seepocken entfernen, geöffnete Muscheln entsorgen.

Die Hitze reduzieren. Die Langostinos zum Reis geben, gar ziehen lassen und nach etwas 5 Minuten die Muscheln zugeben und etwa 5–6 Minuten mitdünsten, bis die Schalen aufgehen. Der Reis sollte dann den gesamten Fond aufgesogen haben. Vor dem Servieren kurz ruhen lassen und mit klein geschnittener frischer Petersilie anrichten.

*GUT ZU WISSEN*

*Der beste Reis für eine Paella ist Arroz Bomba aus Tarragona. Während des Kochvorgangs wird das Reiskorn doppelt so groß.*

## EQUIPMENT

Schlemmerpfanne

# Schwarzer Venere-Reis mit Fenchel

*Für 2 Personen · Zubereitungszeit: 50 Minuten*

## ZUTATEN

2 Schalotten

50 g Butter

120 g schwarzer Venere-Reis

120 ml Weißwein

Salz

1 l heiße Geflügelbrühe

1 Fenchelknolle, plus frisches Fenchelgrün zum Servieren (nach Belieben)

1 Prise Fenchelsaat

2 EL Olivenöl

100 g frisch geriebener Parmesan, plus etwas mehr zum Servieren

*Zubereitung*

Die Schalotten häuten, fein würfeln und in Butter anschwitzen. Den Reis dazugeben und verrühren, sodass die Reiskörner rundum mit Butter benetzt sind. Den Wein zugießen, zum Kochen bringen und etwas reduzieren lassen. Mit Salz würzen. Schöpflöffelweise die Geflügelbrühe zugeben, kochen, bis sie absorbiert ist und fortfahren, bis die Brühe aufgebraucht und der Reis gar ist. In der Regel dauert das etwa 40 Minuten.

In der Zwischenzeit den Fenchel waschen, putzen, das Fenchelgrün (falls vorhanden) beiseitelegen und zähe äußere Schichten abziehen. Die Knolle in Würfel schneiden und zusammen mit der Fenchelsaat in Olivenöl goldgelb anbraten. Mit Salz abschmecken.

Sobald der Reis fertig ist, etwa 2/3 des Fenchels unterrühren und den Parmesan darüberstreuen, abgedeckt 1 Minute ziehen lassen.

Den Reis in tiefe Schalen geben und restlichen Fenchel mit frischem Fenchelgrün darauf anrichten. Noch etwas mehr Parmesan dazu reichen.

*GUT ZU WISSEN*

*Venere-Reis ist eine spezielle Reissorte aus der Po-Ebene des Piemont und ist in seinem natürlichen Korn schwarz. Risotto nero wird hingegen mit der Farbe von Tintenfischen eingefärbt.*

## EQUIPMENT

Kupfertopf mit Deckel

Stielpfanne

# Einfache Polenta mit gerösteten Gewürzen

*Für 4 Personen · Zubereitungszeit: 40 Minuten*

## ZUTATEN

Für die Polenta:

100 g Butter

2 Schalotten

250 g Polenta (Maisgrieß)

400 ml Geflügelbrühe

400 ml Milch

1 große Karotte

1 Stück Knollensellerie (à 120 g)

frisch gehackte Petersilie (nach Belieben)

Salz und schwarzer Pfeffer aus der Mühle

frisch geriebene Muskatnuss

etwas steif geschlagene Sahne

Für die gerösteten Gewürze:

1/2 TL Pfefferkörner

1/2 TL Koriandersamen

1/2 TL Piment

## EQUIPMENT

Kupfertopf

Kupferpfanne

Mörser

*Zubereitung*

Für die Polenta die Butter in einem Topf zerlassen. Die Schalotten häuten, klein schneiden und goldgelb anschwitzen. Die Polenta einrieseln lassen und Geflügelbrühe sowie Milch zugießen. Zum Kochen bringen und etwa 30 Minuten sanft köcheln lassen. Dabei gelegentlich umrühren, sodass der Maisgrieß nicht anbrennt und quellen kann.

In der Zwischenzeit eine kleine Pfanne ohne Fett erhitzen, die Gewürze darin anrösten, bis sie intensiv duften (darauf achten, dass sie nicht zu dunkel werden), und anschließend grob mörsern.

Karotte und Sellerie schälen und in sehr kleine Würfel schneiden. Unter die Polenta mengen und weitere 30 Minuten leicht köcheln lassen. Vor dem Servieren nach Belieben frische Petersilie zugeben, mit Salz, Pfeffer und Muskatnuss abschmecken und etwas steif geschlagene Sahne unterheben. Die gerösteten Gewürze darüberstreuen.

*GUT ZU WISSEN*

*Sobald die Pfanne heiß ist, können die Gewürze zu springen beginnen und sehr schnell zu dunkel werden. Passen Sie daher gut auf und bleiben Sie während des Röstens lieber neben der Pfanne stehen. Für dieses Gericht keine Fertig- bzw. Instantpolenta verwenden! Hier braucht gut Ding Weile und der Maisgrieß darf lange vor sich hin köcheln. Die Polenta schmeckt gut zu Schweinekotelett mit gebratenem Radicchio (siehe Seite 93).*

# Couscous aus Blumenkohl

*Für 4 Personen · Zubereitungszeit: 30 Minuten*

## ZUTATEN

800 g Blumenkohl

1 Knoblauchzehe

300 ml Milch

100 ml Sahne

(Zitronen-)Thymian

Sonnenblumenöl

1 Schuss Weißweinessig, plus etwas mehr zum Marinieren

Salz und schwarzer Pfeffer aus der Mühle

1 Handvoll Dinkelkörner

2 EL gebräunte Butter

## EQUIPMENT

Kupfertopf

Kupferpfanne

### *Zubereitung*

Die zähen äußeren Blätter des Blumenkohls abschneiden und entsorgen, die zarten inneren beiseitelegen. Einen Sparschäler über den Blumenkohl ziehen, sodass die obere Schicht abgeschabt wird und kleine Körner herunterfallen. Diese aufbewahren. Den Rest des Blumenkohls inklusive Strunk in etwa 0,5 cm große Stücke schneiden und den Knoblauch schälen.

Milch und Sahne in einen Topf füllen, Knoblauch und Thymian zugeben und alles zum Kochen bringen. Die Blumenkohlstücke hineingeben und etwa 8 Minuten darin garen. Aus der Flüssigkeit heben und glatt pürieren. Sollte das Püree zu fest sein, etwas vom Blumenkohlkochwasser hinzugeben.

Etwas Sonnenblumenöl in einer Pfanne erhitzen, die zarten Blätter des Blumenkohls hineinlegen und von beiden Seiten kurz anbraten. Mit Weißweinessig ablöschen und mit Salz und Pfeffer würzen.

Die abgeschabten Blumenkohlspitzen in etwas Sonnenblumenöl, etwas Weißweinessig, Salz und Pfeffer marinieren. Die Dinkelkörner in einer Pfanne ohne Fett kurz anrösten.

Blumenkohlpüree, Blumenkohlblätter und Blumenkohlcouscous auf 4 Tellern anrichten, die Dinkelkörner darüberstreuen. Abschließend mit gebräunter Butter beträufeln.

### *Butter bräunen*

Butter in einem heißen Topf zerlassen und zum Schäumen bringen. So lange köcheln lassen, bis das Wasser in der Butter vollständig verdampft ist und sich braune Brösel bilden (darauf achten, dass nichts anbrennt). Sofort vom Herd nehmen, etwas abkühlen lassen und durch ein mit Küchenpapier ausgelegtes feines Sieb filtern. Luftdicht verschlossen ist die Butter im Kühlschrank mehrere Wochen haltbar.

### *GUT ZU WISSEN*

*»From Leaf to Root« ist ein beliebtes Motto in der Küche. Zum Kochen verwendet werden soll die ganze Pflanze, die Blätter genauso wie die Früchte oder die Wurzel. In diesem Gericht wird ganz im Sinne der Nachhaltigkeit ebenso der ganze Blumenkohl verwertet – von den Blättern über den Kopf bis hin zum Strunk. Gleichzeitig entstehen so auch wunderbare verschiedene Texturen.*

# Grünes Curry

*Für 2 Personen · Zubereitungszeit: 40 Minuten*

## ZUTATEN

1 EL Ghee oder selbst gemachtes Butterschmalz

120 g Mung Dal oder Urad Dal

1 Zwiebel

1 Knoblauchzehe

1 kleines Stück Ingwer (à 2 cm)

2 grüne Chilischoten

Salz

2 EL grob zerstoßene Gewürze (z. B. Kreuzkümmelsamen, Koriandersamen, Kardamomsamen, gelbe Senfkörner)

1 Handvoll Curryblätter

750 ml Gemüsebrühe

ganze Mandeln zum Servieren

1 Handvoll frische Blätter der Roten Gartenmelde, Spinat oder andere Kräuter (z. B. Kresse) zum Servieren

*Zubereitung*

Das Ghee in einem Topf erhitzen und die Mung-Dal-Bohnen darin unter Rühren anschwitzen, bis sie duften. Die Zwiebel häuten, vierteln, in dünne Scheiben schneiden und mitdünsten. Knoblauch und Ingwer schälen und zusammen mit den Chilischoten jeweils sehr fein schneiden und zugeben. Salz und andere Gewürze sowie Curryblätter untermischen. Die Gemüsebrühe zugießen, zum Kochen bringen und so lange köcheln lassen, bis die Bohnen weich sind.

In der Zwischenzeit eine kleine Pfanne ohne Fett erhitzen und die Mandeln darin anrösten. Darauf achten, dass sie nicht zu dunkel werden, dann grob hacken.

Das Curry in tiefe Schalen geben und mit gerösteten Mandeln und frischen Kräutern servieren.

*Butterschmalz selber machen*

In einem hohen Topf bei geringer Hitze etwas Butter zerlassen. Dabei den austretenden Eiweißschaum vorsichtig abschöpfen, sodass eine klare goldgelbe Flüssigkeit zurückbleibt. Durch ein feinmaschiges Sieb filtern und zum Kochen verwenden (luftdicht verschlossen ist das Butterschmalz im Kühlschrank mehrere Wochen haltbar).

*GUT ZU WISSEN*

*Für dieses Rezept eignen sich Mung Dal (Mungbohnen) und Urad Dal (Urdbohnen), die vor dem Kochen nicht eingeweicht werden müssen. Mit etwas mehr Spinat oder Mangold lässt sich ein schöner vegetarischer Gang zaubern, das Curry passt aber auch gut zu gedünstetem Fisch (z. B. Kabeljau oder Seeteufel).*

## EQUIPMENT

Kupfertopf

Kupferpfanne

# Grünes Curry aus Alblinsen und Wilddorade

*Für 2 Personen · Zubereitungszeit: 30 Minuten*

## ZUTATEN

Für das Curry:

1 EL Ghee oder selbst gemachtes Butterschmalz (siehe Seite 83)

2 Zwiebeln

2 EL grob zerstoßene Gewürze (z. B. Kreuzkümmelsamen, Koriandersamen, Bockshornklee, Fenchelsaat)

120 g Alblinsen

1 Knoblauchzehe

1 kleines Stück frische Kurkumawurzel (à 2 cm)

1 kleines Stück Ingwer (à 2 cm)

2 grüne Chilischoten

500 ml Kokosmilch

250 ml Gemüsebrühe

Salz

Saft von 1 Limette

2 Frühlingszwiebeln

frisch gehacktes Koriandergrün oder Thai-Basilikum

Für die Dorade:

2 EL Olivenöl

2 Doradenfilets, in Stücken (à 130 g)

Fleur de Sel

weißer Pfeffer aus der Mühle

1 Schuss Noilly Prat

## EQUIPMENT

Kupfertopf

Kupferpfanne

*Zubereitung*

Das Ghee in einem Topf erhitzen. Die Zwiebeln häuten, vierteln, in dünne Scheiben schneiden und darin anschwitzen. Die Gewürze zusammen mit den Linsen untermischen und kurz dünsten. Knoblauch, Kurkuma und Ingwer schälen und zusammen mit den Chilischoten jeweils sehr fein schneiden. Unter die Linsen mengen. Kokosmilch und Gemüsebrühe zugießen, alles gut verrühren und zum Kochen bringen. Die Hitze reduzieren und so lange simmern lassen, bis die Linsen weich sind (Alblinsen brauchen etwa 20 Minuten).

In der Zwischenzeit für den Fisch in einer Pfanne das Olivenöl erhitzen und die Dorade mit der Hautseite nach unten bei mäßiger Hitze anbraten. Mit Fleur de Sel und Pfeffer würzen. Erst wenn sich um das Filet ein kleiner weißer Rand zeigt, wenden und von der anderen Seite fertig braten. Bei Bedarf mit Wermut ablöschen.

Die Alblinsen mit Salz und Limettensaft abschmecken. Frühlingszwiebeln putzen, in feine Ringe schneiden und unterheben. Die Linsen in tiefe Schalen geben, die Dorade daneben anrichten und mit frischem Koriandergrün oder Thai-Basilikum bestreuen.

*GUT ZU WISSEN*

*Alblinsen sind kleine grüne Linsen von der Schwäbischen Alb – ähnlich den französischen Puy-Linsen. Sie müssen vorab nicht eingeweicht werden.*

# Karottencurry mit Hähnchenbrust

*Für 2 Personen · Zubereitungszeit: 30-40 Minuten*

## ZUTATEN

Für das Curry

1 kleine Zwiebel

2 EL Sesamöl

2 Karotten

1 kleines Stück frische Kurkumawurzel (à 1 cm)

1 kleines Stück Ingwer (à 1 cm)

1 rote Chilischote

Salz

Cashewnüsse zum Servieren

1 Handvoll frische Blätter der Roten Gartenmelde oder andere Kräuter (z. B. Kresse) zum Servieren

Für das Hähnchen

2 EL Sesamöl

2 Hähnchenbrüste à 200 g

1 Schuss Marsala oder Sherry nach Belieben

Salz

1 TL Currypulver

## EQUIPMENT

Kupfertopf

Kupferpfanne

*Zubereitung*

Die Zwiebel häuten, vierteln, in Scheiben schneiden und bei mittlerer Hitze in Sesamöl goldgelb anschwitzen. Karotten in Scheiben schneiden, Kurkuma sowie Ingwer schälen und klein würfeln, die Chilischote sehr fein schneiden. Alles zur Zwiebel geben und mit Salz würzen. So lange braten, bis die Karotten weich sind.

Den Backofen auf 150 °C Ober-/Unterhitze vorheizen.

Für das Hähnchen in einer Pfanne das Sesamöl erhitzen und die Hähnchenbrüste darin mit der Hautseite nach unten anbraten. Wenden und bei Bedarf mit Marsala ablöschen. Mit Salz würzen und mit Currypulver rundum einreiben. In den Ofen schieben und etwa 10 Minuten gar ziehen lassen.

In der Zwischenzeit eine kleine Pfanne ohne Fett erhitzen und die Cashewnüsse darin anrösten. Darauf achten, dass sie nicht zu dunkel werden.

Das Karottencurry in tiefe Schalen geben, das Hähnchen in Scheiben schneiden und obenauf setzen. Mit Cashewnüssen und frischen Kräutern garniert servieren.

*GUT ZU WISSEN*

*Der Kurkumawurzel wird eine heilbringende Wirkung nachgesagt und sie ist tatsächlich verdauungsfördernd und entzündungshemmend. Im Karottencurry sorgt sie zusammen mit dem Ingwer für einen würzigen Geschmack.*

# Rotes Linsencurry mit Entenbrust

*Für 4 Personen · Zubereitungszeit: 40 Minuten*

## ZUTATEN

Für das Curry

2 rote Zwiebeln

1 EL Ghee oder selbst gemachtes Butterschmalz (siehe Seite 83)

2 EL geröstete und grob zerstoßene Gewürze (z. B. Kreuzkümmelsamen, Koriandersamen, Bockshornklee, Fenchelsaat)

120 g rote Linsen

1 Knoblauchzehe

1 Stück frische Kurkumawurzel (à 2 cm)

1 Stück Ingwer (à 2 cm)

2 rote Chilischoten

500 ml Kokosmilch

250 ml Gemüsebrühe

Salz

frisch gehacktes Koriandergrün oder Thai-Basilikum

Für die Entenbrust

1 Entenbrust, bevorzugt weiblich

Salz und schwarzer Pfeffer aus der Mühle

## EQUIPMENT

Mörser

Sautoir mit Stiel

Stielpfanne

*Zubereitung*

Die Zwiebeln häuten, vierteln und in dünne Scheiben schneiden. In Ghee 2–3 Minuten glasig dünsten und Gewürze sowie Linsen zufügen und anschwitzen. Knoblauch, Kurkuma und Ingwer schälen und zusammen mit den Chilischoten jeweils sehr fein schneiden. Zu den Linsen geben. Mit Kokosmilch und Gemüsebrühe aufgießen und unter Rühren zum Kochen bringen. Bei niedriger Hitze 20 Minuten köcheln lassen. Mit Salz abschmecken.

Den Backofen auf 150 °C Ober-/Unterhitze vorheizen.

In der Zwischenzeit die Entenbrust vorbereiten: Die Hautseite mit einem scharfen Messer leicht einschneiden und in einer heißen Pfanne von beiden Seiten gleichmäßig anbraten. Herausnehmen und mit Salz und Pfeffer würzen. In Alufolio wickeln und im Ofen etwa 10–15 Minuten fertig garen.

Die Entenbrust in Scheiben schneiden und auf etwas Linsencurry anrichten. Mit frischem Koriandergrün bestreuen.

*GUT ZU WISSEN*

*Die Gewürze werden einzeln so lange geröstet, bis sie duften, und danach im Mörser zerstoßen.*

# Champagnerkraut mit Fleischküchle

*Für 2 Personen · Zubereitungszeit: 30 Minuten*

## ZUTATEN

Für das Kraut

50 g Butter

1 kleiner Kopf Spitzkraut oder Sommerwirsing

½ TL ganze Kümmelsamen

Salz

2 EL warme Béchamelsauce

50 ml Champagner

Für die Fleischküchle

Olivenöl

1 Zwiebel

400 g gemischtes Hackfleisch

1 Bio-Ei

1 TL Majoran

½ Bund frisch gehackte Petersilie

Salz und schwarzer Pfeffer aus der Mühle

*Zubereitung*

Für das Kraut die Butter in einer Kasserolle zerlassen. Die äußeren Blätter des Krauts entfernen, den Kopf halbieren, in dünne Streifen schneiden (darauf achten, dass alle Strünke entfernt sind) und in der Butter schwenken. Den Kümmel fein hacken und zum Kraut geben, mit Salz abschmecken und weich dünsten. Die Béchamelsauce unterrühren, sodass das Kraut sämig wird. Kurz vor dem Servieren den Champagner zugeben, aber das Kraut nicht noch einmal umrühren.

Für die Fleischküchle etwa 2 EL Olivenöl in einer Pfanne erhitzen. Die Zwiebel häuten, fein würfeln und darin goldgelb andünsten, bis sie weich ist. Abkühlen lassen und erkaltet unter das Hackfleisch mischen. Ei, Majoran und Petersilie dazugeben, mit Salz und Pfeffer würzen und alles gut miteinander vermengen. In der Pfanne noch mehr Olivenöl zum Braten erhitzen. Um die Masse abschmecken zu können, ein kleines Probeküchle formen, von beiden Seiten kross braten und probieren. Bei Bedarf das rohe Fleisch nachwürzen und anschließend vollständig verarbeiten. Dafür runde Fleischküchle (etwa 5 cm ø) formen und bei mäßiger Hitze von beiden Seiten braten.

Das Kraut auf flache Teller geben und nach Belieben zwei oder drei Fleischküchle dazu servieren.

*Béchamelsauce zubereiten*

2 EL Butter in einem kleinen Topf zerlassen (darauf achten, dass die Butter nicht bräunt) und 20 g Mehl sowie 75 ml Milch unterrühren. Unter ständigem Rühren ein paar Minuten köcheln lassen und bei Klümpchenbildung durch ein Sieb passieren. Mit Salz, Pfeffer und frisch geriebener Muskatnuss abschmecken.

*GUT ZU WISSEN*

*Im Sommer schmeckt das Spitzkraut saftig und zart – und ist nicht zu vergleichen mit dem Kraut, das es in den Wintermonaten zu kaufen gibt. Das Kraut kann auch lauwarm genossen werden und die Fleischküchle schmecken kalt ebenso gut. Dieses Gericht ist also ideal für den Sommer!*

## EQUIPMENT

Kupferkasserolle

Kupferpfanne

# Schweinekotelett mit gebratenem Radicchio

*Für 4 Personen · Zubereitungszeit: 30 Minuten*

## ZUTATEN

Für das Fleisch

4 Schweinekoteletts mit Knochen

2 EL Sonnenblumenöl oder Schweineschmalz

ein paar Zweige frischer Thymian

Salz und schwarzer Pfeffer aus der Mühle

Für den Radicchio

1 Kopf Radicchio

1 EL Puderzucker

1 EL dunkler Balsamicoessig

Salz und schwarzer Pfeffer aus der Mühle

Feigenchutney (siehe Seite 154) zum Servieren

*Zubereitung*

Die Koteletts in eine mit Öl gefettete, heiße Pfanne legen und zusammen mit dem Thymian anbraten. Erst nach etwa 5 Minuten wenden und auf der anderen Seite fertig braten. Mit Salz und Pfeffer würzen, aus der Pfanne nehmen und warm halten.

Den Radicchio je nach Größe vierteln oder achteln, mit Puderzucker bestäuben und in derselben Pfanne von allen Seiten karamellisieren lassen. Mit Balsamicoessig beträufeln, salzen und pfeffern.

Den Radicchio und etwas Feigenchutney auf Tellern anrichten und je ein Kotelett dazu reichen. Mit dem mitgebratenen Thymian und etwas Salz bestreut servieren.

*GUT ZU WISSEN*

*Die Koteletts müssen nicht besonders mager sein, sondern dürfen ruhig eine Fettschicht haben. So bleiben sie beim Braten besonders saftig.*

## EQUIPMENT

Sautoir mit Stiel

# Ossobuco mit Risotto Milanese

*Für 4 Personen · Zubereitungszeit: 60 Minuten plus 3–4 Stunden Garzeit*

## ZUTATEN

Für das Ossobuco:

4 Scheiben Kalbshachsen (à 2 cm dick)

Salz und schwarzer Pfeffer aus der Mühle

1 EL doppelgriffiges Mehl Olivenöl

3 Zwiebeln

2 Karotten

1 Stange Staudensellerie

1 EL Tomatenmark

400 g stückige Tomaten aus der Dose

1 Knoblauchzehe

3 Lorbeerblätter

2 Zweige frischer Thymian

Für die Gremolata:

1 Bund frische Petersilie

1 Knoblauchzehe

Abrieb von 1 Bio-Zitrone

Für das Risotto Milanese:

1 Msp. Safranfäden

100 g Butter, plus etwas mehr

1 kleine Zwiebel

160 g Risottoreis (z. B. Arborio)

100 ml Weißwein

1 l heiße Geflügelbrühe

60 g geriebener Parmesan, plus etwas mehr zum Servieren

*Zubereitung*

Den Backofen auf 120 °C Ober-/Unterhitze vorheizen. Die Haut der Kalbshachsen rundum einschneiden. Das Fleisch mit Salz und Pfeffer würzen, mit Mehl bestäuben und in einem heißen Bräter mit etwas Olivenöl von allen Seiten goldbraun anbraten. Herausnehmen.

Das Wurzelgemüse (bis auf den Knoblauch) waschen, putzen und klein schneiden und im noch heißen Öl mit dem Tomatenmark andünsten. Darauf achten, dass das Tomatenmark nicht anbrennt. Tomaten, die Knoblauchzehe im Ganzen und Kräuter zugeben und das Fleisch zurück in den Topf legen. Mit einem Deckel verschließen und im Ofen 3–4 Stunden schmoren lassen, bis das Fleisch sehr weich ist. Gelegentlich prüfen, ob genügend Flüssigkeit im Bräter ist und bei Bedarf etwas Wasser zugießen.

Für die Gremolata die Petersilie waschen, trocken schütteln und sehr fein hacken. Den Knoblauch schälen und klein schneiden und beides mit dem Zitronenabrieb vermischen.

Für das Risotto den Safran in eine Tasse geben und mit 5 EL warmem Wasser übergießen. Beiseitestellen und etwa 10 Minuten ziehen lassen. In einem Topf die Butter zerlassen, die Zwiebel häuten, klein würfeln und darin goldgelb anschwitzen. Den Reis zugeben und so lange rühren, bis die Körner glasig sind. Den Safran mitsamt Einweichwasser untermengen und mit so viel Weißwein begießen, dass der Reis gerade bedeckt ist. Unter ständigem Rühren köcheln lassen, bis der Reis den Weißwein vollständig aufgesogen hat. Schöpflöffelweise die Geflügelbrühe zugießen, köcheln, bis siee absorbiert ist, und fortfahren, bis die Brühe aufgebraucht und der Reis gar ist. In der Regel dauert das etwa 20 Minuten. Vom Herd nehmen und Parmesan sowie nach Belieben Butter untermischen, bis eine cremige Konsistenz erreicht ist.

Das Risotto Milanese auf tiefe Teller verteilen, je eine Scheibe Fleisch daraufsetzen und etwas Sauce darübergießen. Die Gremolata auf dem Knochen anrichten.

## EQUIPMENT

großer Kupfertopf

Sautoir

*GUT ZU WISSEN*

*Das Fleisch lieber etwas länger im Ofen schmoren lassen. So wird es schön saftig.*

# Rehragout mit Weißkraut und Kirschen

*Für 4 Personen · Zubereitungszeit: 2 Stunden*

## ZUTATEN

Für das Rehragout:

1,5 kg Rehkeule

2–3 EL Olivenöl

Quatre épices

Salz

3 Zwiebeln

2 EL Bitterorangenlikör (z. B. Grand Marnier)

3 getrocknete Pflaumen, klein geschnitten

1 Zweig frischer Thymian oder 1 Stängel frischer Salbei

ein paar grob zerstoßene Wacholderbeeren

1 l Wildfond

1 kleines Stück Zartbitterschokolade (70 % Kakaoanteil)

Abrieb von ½ Bio-Orange

Für das Weißkraut:

1 Zwiebel

1 kleiner Kopf Weißkraut

40 g Butter

1 kleiner TL Anis- oder Koriandersaat

1 Prise Salz

Für die Kirschen:

500 g Kirschen

100 g Zucker

1 Zweig frischer Thymian

1 Schuss Olivenöl

*Zubereitung*

Den Backofen auf 160 °C Ober-/Unterhitze vorheizen.

In einem Bräter das Olivenöl erhitzen und darin die Rehkeule kurz anbraten und mit Quatre épices sowie Salz würzen. Herausnehmen. Die Zwiebeln schälen, grob würfeln und im heißen Öl anschwitzen. Mit Bitterorangenlikör ablöschen und das Fleisch wieder hineinlegen. Einen Teil des Wildfonds zugeben und bei geschlossenem Deckel im Ofen etwa 90 Minuten schmoren lassen. Nach etwa 20 Minuten Pflaumen, Thymian und Wacholderbeeren zugeben und gelegentlich prüfen, ob genügend Flüssigkeit im Bräter ist. Bei Bedarf etwas Wildfond zugießen.

In der Zwischenzeit das Weißkraut vorbereiten. Dafür die Zwiebel schälen und sehr fein würfeln, die äußeren Blätter des Krauts entfernen, den Kopf halbieren und in dünne Streifen schneiden (darauf achten, dass alle Strünke entfernt sind). Die Butter in einer Pfanne zerlassen und die Anissaat darin anschwitzen. Zuerst die Zwiebel zugeben und glasig dünsten, dann das Kraut darin weich schmoren – hierfür bei Bedarf einen Deckel auflegen. Abschließend mit Salz würzen und warm halten.

Die Kirschen waschen und entsteinen. Mit Zucker, Thymian und Olivenöl unter gelegentlichem Rühren in einem Topf erhitzen und abgedeckt leicht simmern lassen, bis die Kirschen weich sind.

Sobald das Fleisch gar ist, den Bratensaft durch ein Sieb filtern (die Zwiebeln dabei gut ausdrücken) und bei mittlerer Hitze sämig einkochen lassen. Mit Zartbitterschokolade und Orangenabrieb abschmecken. Die Sauce über das Rehragout träufeln und zusammen mit Weißkraut und Kirschen servieren.

## EQUIPMENT

große Kupferpfanne mit Deckel

Sieb

**Gut zu Wissen**

*Die Keule für das Ragout am besten im Ganzen schmoren und dann in Würfel schneiden. Sehr gut eignet sich für dieses Rezept aber auch die Schulter vom Reh – diese in gleich große Würfel schneiden. Statt Weißkraut schmeckt auch Wirsing dazu und statt Kornelkirschen können auch Preiselbeeren verwendet werden.*

# Gefüllte Kaninchenrücken mit Gelber Bete

*Für 4 Personen · Zubereitungszeit: 1 Stunde 30 Minuten*

## ZUTATEN

Für die Gelbe Bete:

3 EL grobes Meersalz

4 Gelbe Beten

1 Zweig frischer Thymian

1 Zweig frischer Rosmarin

1 Stängel frischer Salbei

Olivenöl

Für das Fleisch:

2 Kaninchenrücken

2 Knoblauchzehen

Salz

1 Zweig frischer Thymian

1 Zweig frischer Rosmarin

1 Stängel frischer Salbei

Abrieb von 1 Bio-Zitrone

2 EL Olivenöl

schwarzer Pfeffer aus der Mühle

500 ml Gemüse- oder Geflügelbrühe

## EQUIPMENT

Küchengarn

Kupferpfanne

*Zubereitung*

Den Backofen auf 200 °C Ober-/Unterhitze vorheizen.

Für die Gelbe Bete ein großes Stück Alufolie auf ein Backblech legen und das Salz daraufstreuen. Die Gelben Beten ungeschält auf das Salz setzen und mit Alufolie quasi luftdicht verschließen. Etwa 1 Stunde im Ofen backen (die Zeit kann je nach Größe der Knollen variieren), bis die Beten weich sind. Sofort das Salz entfernen, die Beten noch warm schälen und in dünne Scheiben schneiden. Die frischen Kräuter sehr fein hacken und beiseitestellen.

Die Backofentemperatur auf 150 °C Ober-/Unterhitze reduzieren.

Die Kaninchenrücken von den Knochen lösen: Mit einem scharfen Messer mit feiner Klinge (ein Filetiermesser wäre ideal) entlang des Rückgrats fahren und die Filets vorsichtig herausschneiden. Die Knoblauchzehen schälen, sehr fein hacken und mit einem breiten Messer mit etwas Salz zusätzlich zermahlen. Die Kräuter sehr fein schneiden und zusammen mit Zitronenabrieb, Knoblauch und 1 EL Olivenöl zu einer Paste vermengen. In die Innenseiten der Kaninchenrücken streichen, mit Pfeffer würzen, aufrollen und mit Küchengarn locker zusammenbinden.

Die Kaninchenrücken bei geringer Hitze in einer Pfanne mit dem restlichen Olivenöl anbraten, bis sie ringsum goldgelb sind. Die Gemüsebrühe zugießen und im Backofen etwa 20 Minuten nachziehen lassen.

In einer Pfanne etwas Olivenöl erhitzen und die Gelben Beten darin schwenken. Mit Salz und den beiseitegestellten Kräutern würzen. Auf flache Teller verteilen und die Kaninchenrücken aufgeschnitten darauf anrichten.

*GUT ZU WISSEN*

*Kaninchen ist ein sehr mageres Fleisch und hat relativ wenig Eigengeschmack. Daher eignen sich kräftige Kräuter wie Rosmarin, Thymian und Salbei oder auch Knoblauch hervorragend für eine Füllung. Ist das Filet ausgelöst, können die Knochen als Fond ausgekocht werden.*

# Bayerische Garnele in Zitronengras-Kokosmilch-Sauce

*Für 4 Personen · Zubereitungszeit: 40 Minuten*

## ZUTATEN

Für die Sauce:

2 Schalotten

4 Champignons

2 EL Butter

4 Stängel frisches Zitronengras

Abrieb von 1 Bio-Limette

Salz

1 Schuss Sherry

200 ml Kokosmilch

300 ml Geflügelbrühe (siehe Seite 105)

1 Prise Piment d'Espelette

Für die Garnelen:

Olivenöl

16 rohe geschälte Garnelen

etwas Sherry zum Ablöschen

Fleur de Sel

Piment d'Espelette

frisch gehackte Kräuter (z. B. Mizuna oder Koriandergrün)

## EQUIPMENT

hohe (Schwenk-)Pfanne

Stielpfanne

Sieb

Stabmixer

*Zubereitung*

Die Schalotten schälen und in feine Streifen, die Champignons putzen und in feine Scheiben schneiden. Die Butter in einer hohen Pfanne erhitzen, Schalotten und Pilze darin farblos anschwitzen. Das Zitronengras waschen, trocken schütteln und sehr fein schneiden, zusammen mit dem Limettenabrieb zugeben und andünsten. Mit Salz würzen und mit Sherry ablöschen. Etwas reduzieren lassen. Kokosmilch, Geflügelbrühe und Piment d'Espelette zufügen und zum Kochen bringen. Etwa 20 Minuten leicht köcheln lassen, dabei immer wieder umrühren. Durch ein feines Sieb in eine Schüssel filtern und die Sauce mit dem Stabmixer kurz aufschäumen. Zurück in die Pfanne geben und beiseitestellen.

In einer Stielpfanne etwas Olivenöl erhitzen. Die Garnelen mit Küchenpapier gründlich trocken tupfen – sind sie feucht, lassen sie sich nicht gut braten. Die Darmfäden entfernen und die Garnelen kurz von beiden Seiten anbraten, mit Sherry ablöschen und mit Fleur de Sel und Piment d'Espelette würzen.

Die Sauce in tiefe Schalen gießen und die Garnelen zusammen mit den frischen Kräutern darauf anrichten.

### GUT ZU WISSEN

*Bayerische Garnelen werden seit wenigen Jahren in der Nähe Münchens artgerecht und ohne Verabreichung von Antibiotika gezüchtet. Sie sind qualitativ hochwertig und eignen sich sogar für den Rohverzehr. Beim Kauf von Garnelen in jedem Fall auf die Herkunft und das MSC-Siegel achten.*

# Seezunge mit Kapern & Oliven

*Für 2 Personen · Zubereitungszeit: 40 Minuten*

## ZUTATEN

1 Seezunge (à 800 g)

1 Knoblauchknolle

1 Bio-Zitrone

Olivenöl, außerdem qualitativ hochwertiges Olivenöl zum Beträufeln

ein paar Stängel frische Petersilie

ein paar Blätter frischer Rucola

1 EL Kapern in Salzlake

2 Sardellen

1 EL schwarze Olivenringe

Fleur de Sel (nach Belieben)

frisches Weißbrot zum Servieren

*Zubereitung*

Den Backofen auf 160 °C Ober-/Unterhitze vorheizen.

Die Seezunge schuppen, die Kiemen entfernen und im Ganzen in eine große Kasserolle legen. Eine Knoblauchknolle halbieren, die Zitrone in Scheiben schneiden und beides mit etwas Olivenöl zum Fisch geben. Im Ofen etwa 25–30 Minuten backen, bis der Fisch gar ist. (Der Fisch ist erst dann fertig, wenn sich die Haut leicht lösen lässt.)

Die Petersilie waschen, trocken schütteln und klein schneiden. Den Rucola waschen und von den groben Stielen zupfen. Kapern und Sardellen sehr klein schneiden und mit Oliven und Kräutern mischen.

Sobald der Fisch fertig ist, die Haut abziehen, mit der Kräutermischung bestreichen und mit Olivenöl beträufeln. Nach Belieben mit Fleur de Sel nachwürzen und am besten etwas Weißbrot dazu reichen.

*GUT ZU WISSEN*

*Ein Fisch im Ganzen an der Gräte gebraten ist immer saftiger als ein Filet. Seezunge eignet sich prima für das Braten im Ganzen.*

## EQUIPMENT

ovale Kupferkasserolle

# Geflügelbrühe

*Für 2 l · Zubereitungszeit: 20 Minuten, plus 2–3 Stunden Kochzeit*

## ZUTATEN

1 Suppenhuhn
1 Stück Lauch (à 20 cm)
1 Karotte
1 Stück Knollensellerie (à 250 g)
1 Stange Staudensellerie
1 Wurzelpetersilie
2 Gewürznelken
1 Lorbeerblatt
ein paar Pimentkörner
ein paar Pfefferkörner
1 geschwärzte Zwiebel
Salz

### *Zubereitung*

Das Suppenhuhn in einem Topf mit kaltem Wasser aufsetzen, sodass es ganz mit Flüssigkeit bedeckt ist, und zum Kochen bringen. Die Hitze reduzieren und den sich an der Oberfläche absetzenden Schaum abschöpfen, damit die Brühe klar bleibt. Das Gemüse grob würfeln und zusammen mit den Gewürzen sowie der geschwärzten Zwiebel zugeben. Etwa 2 Stunden leicht köcheln lassen.

Die Geflügelbrühe durch ein mit einem Mulltuch ausgelegtes Sieb filtern und mit Salz abschmecken. In sterile Gläser abfüllen.

(Das Suppenhuhn lässt sich später als Suppeneinlage oder für ein Hühnerfrikassee verwenden.)

### *Zwiebel schwärzen*

Eine Zwiebel quer in zwei Hälften schneiden. Bei starker Hitze in einer beschichteten Pfanne ohne Fett an den Schnittflächen sehr dunkel rösten, bis sie nahezu schwarz sind – hierfür die Zwiebelhälften am besten großflächig auf den Pfannenboden drücken. Dies gibt der Brühe nicht nur einen guten Geschmack, sondern auch eine goldgelbe Farbe.

## EQUIPMENT

großer Kupfertopf
beschichtete Pfanne
Sieb
Mulltuch
sterile Gläser

### *GUT ZU WISSEN*

*Es ist immer gut, Geflügelbrühe im Haus zu haben. Sie eignet sich zum Aufgießen von Cremesuppen, für Risotto oder Polenta oder als klare Brühe mit einer Einlage z. B. aus Suppennudeln. In sterile Gläser eingeweckt, ist die Brühe mehrere Monate haltbar.*

# Kalbsfond

*Für 1,5 l · Zubereitungszeit: 20 Minuten, plus 2–3 Stunden simmern*

## ZUTATEN

2 kg Kalbsknochen, klein gehackt (oder 1 Kalbfuß, längs gespalten)

2 Zwiebeln

2 mittelgroße Karotten

1 Stange Staudensellerie

250 ml Weißwein

1 Handvoll Tomaten

150 g Champignons

2 Knoblauchzehen

1 Zweig frischer Thymian

1 Lorbeerblatt

einige Petersilienstängel

*Zubereitung*

Die Kalbsknochen in einem großen Topf ohne Fett unter gelegentlichem Wenden gut anrösten. Die Zwiebeln häuten, Karotten und Sellerie putzen und alles in 2 cm große Würfel schneiden. Ein paar Minuten mit anbraten. Mit Weißwein ablöschen, etwas reduzieren lassen und so viel Wasser zugießen, dass die Knochen gerade bedeckt sind. Zum Kochen bringen.

Die Tomaten mit heißem Wasser übergießen und die Haut abziehen, die Champignons putzen und halbieren, den Knoblauch schälen und mit einem Messer zerdrücken. Zusammen mit den Kräutern zufügen und bei geringer Hitze ohne Deckel etwa 2,5 Stunden sanft köcheln lassen. Dabei den sich auf der Oberfläche absetzenden Schaum immer wieder abschöpfen.

Vom Herd ziehen, abkühlen lassen und durch ein mit einem Mulltuch ausgelegtes Sieb filtern. Ist der Fond sehr fetthaltig, dann vollständig auskühlen lassen und den sich obenauf gebildeten Fettdeckel abnehmen. Nach Bedarf und Geschmack den Fond noch einmal um ein Drittel reduzieren lassen – er bildet die Grundlage für eine sämige Sauce.

*GUT ZU WISSEN*
*Der Fond lässt sich sehr gut einfrieren. Nach dem Auftauen einfach noch einmal mit frischem Gemüse aufkochen.*

## EQUIPMENT

großer Kupfertopf

Sieb

Mulltuch

# Fischfond

*Für 2 l · Zubereitungszeit: 20 Minuten und 30 Minuten köcheln*

## ZUTATEN

3 kg Fischkarkassen (am besten Wolfsbarsch, Steinbutt, Seeteufel oder Eismeerkabeljau)

2 mittelgroße Zwiebeln

1 Stange Lauch

1 Stange Staudensellerie

1 kleine Fenchelknolle

1 Handvoll Champignons

3 Lorbeerblätter

2 Zweige frischer Thymian

frische oder getrocknete Zitronenverbene (nach Belieben)

1 EL weiße Pfefferkörner

2 Sternanis

2 Nelken

*Zubereitung*

Vor dem Kochen die Fischkarkassen vorbereiten (Kiemen herausschneiden, Schwimmblase öffnen und alles Blutige an der Wirbelsäule herauskratzen) und gut wässern: Für etwa 2 Stunden in kaltes Wasser legen, dabei das Wasser mehrmals wechseln, bis es klar bleibt.

Die sauberen Karkassen in einen hohen Topf legen und mit 3 l Wasser übergießen. Zum Kochen bringen. Die Hitze reduzieren, leicht köcheln lassen und den sich an der Oberfläche absetzenden Schaum abschöpfen. So bleibt der Fond klar. Das Gemüse schälen bzw. waschen, grob würfeln und mit den Gewürzen zum Fond geben. Weitere 30 Minuten sanft köcheln lassen.

Vom Herd ziehen, abkühlen lassen und durch ein mit einem Mulltuch ausgelegtes Sieb filtern. Vollständig ausgekühlt wird der Fond gelieren und kann wieder erwärmt für Saucen, Fischsuppen, Currys oder Risotto mit Meeresfrüchten weiterverwendet werden.

*GUT ZU WISSEN*

*Fonds lassen sich sehr gut portionsweise einfrieren – so ist immer etwas vorrätig. Die benötigte Menge dann langsam im Kühlschrank auftauen und mit ein paar frischen Kräutern wieder erwärmen. Am besten erst nach dem Kochen salzen.*

## EQUIPMENT

großer Kupfertopf

Sieb

Mulltuch

# Grüne Pfeffersauce

*Für etwa 150 ml · Zubereitungszeit: 20 Minuten*

## ZUTATEN

200 ml Geflügelbrühe (siehe Seite 105)

50 g Pistazien

30 g Sonnenblumenöl

3 EL Crème double

75 g kalte Butter

2 TL frisch gepresster Zitronensaft

1 Bund frisches Basilikum

2 Rispen frischer grüner Pfeffer

*Zubereitung*

Die Geflügelbrühe in einen Topf füllen, zum Kochen bringen und bis auf 100 ml reduzieren lassen. So wird die Sauce aromatischer.

Pistazien und Sonnenblumenöl mit dem Stabmixer zu einer feinen Paste pürieren und unter die Geflügelbrühe rühren. Vorsichtig die Crème double unterziehen. Die Butter in kleinen Flöckchen unter die Sauce mischen und mit Zitronensaft abschmecken.

Basilikum und Pfefferrispen klein schneiden und erst kurz vor dem Servieren zur Sauce geben. Sie passt gut zu neuen gekochten Pellkartoffeln, aber auch zu Huhn oder Perlhuhnbrust.

*GUT ZU WISSEN*

*Bei grünem Pfeffer handelt es sich um unreife Pfefferbeeren und ist im Vergleich zu weißem oder schwarzem Pfeffer etwas milder und hat einen frischen Geschmack. Achtung: Er ist für die Pfeffermühle nicht geeignet.*

## EQUIPMENT

Sautoir mit Stiel

Stabmixer

# Rotweinsauce mit Verjus

*Für 500 ml · Zubereitungszeit: 50 Minuten*

## ZUTATEN

350 ml Rotwein
2 Karotten
½ Fenchelknolle
2 Stangen Staudensellerie
5 Champignons
2 Schalotten
2 Knoblauchzehen
5 EL Butter
1 Zweig frischer Rosmarin
1 Zweig frischer Thymian
2 Lorbeerblätter
ein paar Stängel frische Petersilie
ein paar schwarze Pfefferkörner
ein paar Koriandersamen
350 ml Fischfond
350 ml Verjus
1 EL Tomatenmark

*Zubereitung*

Den Rotwein in einem Topf bei starker Hitze um etwa die Hälfte reduzieren. In der Zwischenzeit alles Gemüse waschen, gegebenenfalls schälen und sehr klein würfeln. Die Gemüsewürfel in einem zweiten hohen Topf in 2 EL Butter anbraten. Rosmarin und Thymian, Lorbeer, Petersilie, Pfefferkörner und Koriandersamen zufügen und mit eingekochtem Rotwein, Fischfond und Verjus bedecken. Zum Kochen bringen und etwa 40 Minuten simmern lassen.

Die Sauce durch ein Sieb filtern und das Tomatenmark untermengen. Erneut etwas einkochen lassen. Die Hitze reduzieren und die restliche Butter mit dem Schneebesen einrühren. Darauf achten, dass die Sauce nicht mehr kocht, da sonst keine schöne Emulsion entsteht. Zu kräftig gebratenem Fisch wie Seeteufel oder Steinbutt oder auch zu Oktopus servieren.

*GUT ZU WISSEN*

*Verjus ist der Saft von unreifen Trauben. Der Rotweinsauce verleiht er einen leicht säuerlichen, würzigen Geschmack.*

## EQUIPMENT

breite Sauteuse oder hoher Topf
Sautoir mit Stiel
Sieb

# Rohrnudeln mit Vanillesauce

*Für ca. 15 Rohrnudeln · Zubereitungszeit: 180 Minuten*

## ZUTATEN

500 g Weizenmehl

1 Würfel Hefe

60 g Zucker, plus etwas mehr für den Topf

¼ l lauwarme Milch

80 g Butter, plus etwas mehr für den Topf

2 zimmerwarme Bio-Eier

1 Prise Salz

Abrieb von 1 Bio-Zitrone

Puderzucker zum Bestäuben (nach Belieben)

Für die Vanillesauce:

2 EL Speisestärke

½ l Milch

50 g Zucker

1 Vanilleschote

3 Bio-Eigelb

125 g geschlagene Sahne

## *Zubereitung*

Das Mehl in eine Schüssel sieben und in die Mitte eine Mulde drücken. Die Hefe hineinbröckeln, Zucker und 50 ml Milch dazugeben und mit einem Holzkochlöffel zu einem Vorteig verrühren. Mit etwas Mehl vom Rand der Mulde bestäuben und mit einem Küchentuch abgedeckt an einem warmen Ort etwa 15 Minuten gehen lassen.

In der Zwischenzeit in einem kleinen Topf die Butter zerlassen. Zusammen mit restlicher Milch und Eiern zum Vorteig geben, kurz verrühren und Salz sowie Zitronenabrieb untermengen. Alles gut zu einem glatten, elastischen Teig verkneten. Mit einem Geschirrtuch abdecken und an einem warmen Ort so lange ruhen lassen, bis der Teig sein Volumen verdoppelt hat.

Einen hohen Topf gut fetten und mit reichlich Zucker einstreuen. Vom Teig gleichmäßig große Stücke abstechen, zu etwa 4 cm großen Kugeln formen und nebeneinander in den Topf setzen. Erneut 30 Minuten gehen lassen.

Den Backofen auf 200 °C Ober-/Unterhitze vorheizen. Die Rohrnudeln etwa 35 Minuten backen, bis sie goldbraun sind.

Für die Vanillesauce die Speisestärke mit 5 EL Milch glatt rühren. Die restliche Milch in einen Topf füllen und den Zucker einrieseln lassen. Die Vanilleschote aufschneiden, das Mark herauskratzen und zusammen mit der Schote dazugeben. Zum Kochen bringen, die Speisestärkemischung einrühren und etwa 1 Minute köcheln. Vom Herd ziehen, etwas abkühlen lassen und die Vanilleschote entfernen. Die Eigelbe miteinander verquirlen und kräftig unter die Sauce schlagen. Vollständig auskühlen lassen und erst dann die geschlagene Sahne unterheben.

Die gebackenen Rohrnudeln entweder direkt aus dem Topf und mit etwas Puderzucker bestäubt oder aus der Form gestürzt und mit der gezuckerten Seite obenauf servieren. Die Vanillesauce dazu reichen.

## EQUIPMENT

Kupfertopf

### *GUT ZU WISSEN*

*Nach Belieben die Rohrnudeln mit je 1 Löffel Zwetschgen- oder Schlehenkompott füllen.*

# Kaiserschmarrn mit Zwetschgenröster und Vanilleeis

*Für 4 Personen · Zubereitungszeit: 180 Minuten*

## ZUTATEN

Für das Vanilleeis:

750 ml Sahne

250 ml Milch

1 Vanilleschote

8 Eigelb

150 g Zucker

Für den Zwetschgenröster:

1 kg Zwetschgen

300 ml Rotwein

1 Zimtstange

100 g Zucker

Für den Kaiserschmarrn:

300 g Mehl

1 Prise Salz

½ l Milch

4 Bio-Eigelb

Mark von ½ Vanilleschote

4 Bio-Eiweiß

Butterschmalz

eingeweichte Rosinen

Puderzucker zum Bestäuben

## EQUIPMENT

Kupferpfanne

Kupfertopf mit Deckel

Eismaschine

*Zubereitung*

Für die Eiscreme Sahne und Milch in einen Topf füllen. Die Vanilleschote aufschneiden, das Mark herauskratzen und zusammen mit der Schote dazugeben. Kurz aufkochen, vom Herd ziehen, etwas abkühlen lassen und die Vanilleschote entfernen. Die Eigelbe miteinander verquirlen und den Zucker einrieseln lassen. Die Sahnemischung zugießen und kräftig unter die Eimasse schlagen. Zurück in den Topf geben, auf den Herd stellen und bei geringer Hitze zur Rose abziehen, also so lange rühren, bis es zu einer dicklichen Bindung kommt. Erkalten lassen und durch ein Sieb streichen.

In der Eismaschine laut Herstellerangaben gefrieren oder in den Gefrierschrank stellen. Wird letztere Methode gewählt, muss die Masse während des Gefrierens 3 Mal mit dem Handrührgerät oder in der Küchenmaschine aufgeschlagen werden – das erste Mal nach etwa 1 Stunde, wenn die Masse am Rand gefriert, dann in Intervallen von 2 Stunden. Die Oberfläche der Eismasse im Gefrierschrank immer mit Backpapier oder Frischhaltefolie abdecken.

Den Backofen auf 180 °C Ober-/Unterhitze vorheizen. Den Zwetschgenröster zubereiten: Die Zwetschgen waschen, halbieren und entsteinen. In einen Topf geben und den Rotwein zugießen. Die Zimtstange hineinlegen, den Zucker unterrühren und einen Deckel aufsetzen. Im Ofen etwa 1 Stunde schmoren lassen. Herausnehmen und warm halten.

Für den Kaiserschmarrn das Mehl mit dem Salz in eine Schüssel sieben. Die Milch zugießen und unterrühren, die Eigelbe verquirlen und zusammen mit dem Vanillemark zugeben. Gut vermengen, bis ein glatter Teig entstanden ist, und abgedeckt 30 Minuten ziehen lassen.

Die Backofentemperatur auf 150 °C Ober-/Unterhitze reduzieren. Die Eiweiße steif schlagen und vorsichtig unter den Teig heben. So viel Butterschmalz in einer Pfanne zerlassen, dass der Boden leicht gefettet ist, und einen Teil des Teiges dick (dicker als für einen Pfannkuchen) einfließen lassen. Nach Belieben Rosinen einstreuen und für etwa 10 Minuten in den Ofen stellen, bis der Teig gestockt ist.

Aus dem Ofen nehmen und bei niedriger Hitze zurück auf den Herd stellen. Dick mit Puderzucker bestäuben und den bereits fest gewordenen Teig mit zwei Gabeln zerpflücken. Vorsichtig wenden, bis der Kaiserschmarrn goldgelb ist.

Auf flachen Tellern anrichten und nach Belieben Zwetschgenröster und Eis dazu reichen.

# Konditorcreme

*Reicht zum Füllen einer Blätterteigtorte · Zubereitungszeit: 30 Minuten*

## ZUTATEN

1 Vanilleschote

500 ml Milch

6 Bio-Eigelb

120 g feiner Zucker

50 g Maisstärke

50 g Butter

*Zubereitung*

Die Vanilleschote längs halbieren und das Mark herauskratzen. Die Milch mit Vanilleschote und -mark in einem Topf kurz aufkochen und bei geringer Hitze etwa 10 Minuten ziehen lassen. Die Eigelbe miteinander verquirlen und Zucker sowie Maisstärke untermengen. Die aromatisierte Milch vorsichtig zur Eiermasse gießen, gut verrühren und durch ein Sieb zurück in die kupferne Schlagschüssel filtern. Kräftig aufschlagen und darauf achten, dass sich keine Klümpchen bilden. Sobald die Masse eindickt, den Topf vom Herd ziehen und die Butter zugeben.

Die Creme auf eine Frischhaltefolie gießen und gut einwickeln, damit keine Haut entsteht. Abkühlen lassen und als Füllung für Mille-feuilles verwenden.

*GUT ZU WISSEN*

*Konditorcreme ist die klassische Füllung für Mille-feuilles, vorzugsweise aus selbst gemachtem Blätterteig.*

## EQUIPMENT

Kupfertopf

Schlagschüssel

# Blätterteig / Mille-feuilles

*Zubereitungszeit: 2–3 Stunden*

## ZUTATEN

Für den Mehlteig:

500 g Mehl

½ TL Salz

Für den Butterteig:

500 g Butter

100 g Mehl

Für die Mille-feuilles:

Konditorcreme (siehe Seite 118)

frische Früchte (nach Belieben z. B. Erdbeeren oder Heidelbeeren)

Puderzucker zum Bestäuben

### *Zubereitung*

Aus Mehl, etwa 1/8 l kaltem Wasser und Salz einen glatten Teig herstellen. Bei Bedarf noch etwas mehr Wasser einarbeiten. Für den zweiten Teig Butter und Mehl gut miteinander verkneten. Beide Teige in Klarsichtfolie wickeln und 1 Stunde kalt stellen.

Den Mehlteig zu einem großen Rechteck (30 cm x 50 cm), den Butterteig zu einem etwas kleineren Rechteck (20 cm x 25 cm) ausrollen. Den Butterteig auf eine Seite des Mehlteigs legen und die zweite Seite des Mehlteigs darüberklappen. In Folie wickeln und weitere 15 Minuten kalt stellen.

Den Teig ausrollen (30 cm x 60 cm), die linke und rechte Teighälfte bis zur Mitte einklappen und die Hälften aufeinanderlegen. Erneut 15 Minuten kalt stellen. Diesen Vorgang mindestens 3 Mal wiederholen, sodass mehrere Schichten entstehen, die beim Backen aufblättern können.

Den Blätterteig bis zur Weiterverwendung kühl stellen. Später wird er auf einem mit Wasser eingestrichenen Backblech bei 220 °C Ober-/Unterhitze etwa 10 Minuten gebacken.

### *Für die Mille-feuilles*

Den Backofen auf 220 °C Ober-/Unterhitze vorheizen und ein Backblech mit Wasser einstreichen. Den Blätterteig in etwa 5 cm x 15 cm große Rechtecke schneiden, auf das Blech setzen und so lange backen, bis der Blätterteig aufgegangen und hellbraun ist. Das dauert etwa 10 Minuten. Sofort vom Blech nehmen (hierfür eine Palette zur Hilfe nehmen), auskühlen lassen und vorsichtig quer durchschneiden. Die Konditorcreme auf die untere Hälfte spritzen, nach Belieben Früchte auflegen und die obere Hälfte wieder daraufsetzen. Mit Puderzucker bestäubt servieren.

### GUT ZU WISSEN

*Die blättrige Struktur des Teiges entsteht durch die Verarbeitung von zwei verschiedenen Teigarten – Butter- und Mehlteig. Beim Backen schmilzt die Butter und der entstehende Dampf sorgt dafür, dass der Teig aufgeht und aufblättert. Selbst gemachter Blätterteig schmeckt besser als gekaufter und ist die Mühe absolut wert!*

## EQUIPMENT

Kuchenpalette

# Quarksoufflé

*Für 6 Förmchen · Zubereitungszeit: 20–30 Minuten*

## ZUTATEN

Butter zum Fetten

65 g Zucker, plus etwas mehr für die Förmchen

210 g Quark (Magerstufe)

3 Bio-Eigelb

Mark von 1 Vanilleschote

3 Bio-Eiweiß

1 Prise Salz

Abrieb von ½ Bio-Zitrone

## EQUIPMENT

Souffléförmchen

Schlagschüssel

Bratreine mit hohem Rand

*Zubereitung*

Die Förmchen bis zum Rand gut einfetten und mit Zucker bestreuen. Überschüssigen Zucker aus den Förmchen kippen.

Den Quark mit den Eigelben verrühren und das Vanillemark dazugeben. Die Eiweiße mit 65 g Zucker, Salz und Zitronenabrieb in der Schlagschüssel steif schlagen und sofort unter die Eigelbmischung heben.

Den Backofen auf 220 °C Ober-/Unterhitze vorheizen.

Die Quarkmasse auf die Förmchen verteilen, sodass jede Form zu etwa zwei Drittel gefüllt ist, und diese in eine Bratreine mit hohem Rand stellen. Heißes Wasser hineingießen, sodass die Souffléförmchen zur Hälfte im Wasserbad stehen und im Ofen etwa 10 Minuten backen.

Die Quarksoufflés sofort stürzen und auf flachen Tellern anrichten. Nach Belieben Kompott oder Eis dazu reichen.

*GUT ZU WISSEN*

*Das Eiweiß erst unmittelbar vor dem Einfüllen steif schlagen, damit es nicht zusammenfällt. Nach dem Füllen sofort in den Backofen stellen. Das Dessert lässt sich nicht gut vorbereiten, dafür schmeckt es umso besser.*

# Zabaglione mit Sommerbeeren

*Für 2 Schälchen · Zubereitungszeit: 15–20 Minuten*

## ZUTATEN

2 sehr frische Bio-Eigelb

100 ml Marsala

50 g Puderzucker

frische Beeren (z. B. Erdbeeren, Himbeeren, Johannisbeeren, Stachelbeeren) zum Servieren

Pistazien zum Servieren (nach Belieben)

*Zubereitung*

Eigelbe, Marsala und Puderzucker in die Schlagschüssel geben und über einem Wasserbad so lange aufschlagen, bis eine fluffige, cremige Masse entstanden ist (dafür die Schlagschüssel über einen Topf mit siedendem Wasser setzen). Darauf achten, immer nur in eine Richtung zu schlagen und die Schüssel nicht zu stark zu erwärmen, da die Eigelbe sonst stocken.

Die Beeren waschen und von den Stängeln zupfen, die Pistazien schälen. Die Zabaglione auf Schälchen verteilen, die Früchte daraufsetzen und die Pistazien darüberstreuen. Sofort servieren.

*GUT ZU WISSEN*

*Das perfekte Rezept für Überraschungsbesuche: So lässt sich im Sommer ohne viele Zutaten schnell ein herrliches Dessert zaubern.*

## EQUIPMENT

Schlagschüssel

# Schokoladen-Haselnuss-Schnittchen zum Kaffee

*Für etwa 50 kleine Schnittchen oder 1 Blech · Zubereitungszeit: 40 Minuten mit anschließender Kühlzeit*

## ZUTATEN

150 g ganze Haselnüsse

250 g Honig

250 g Zucker

380 g Zartbitterschokolade (70 % Kakaoanteil)

100 g Butter

Fleur de Sel oder schwarzes Lavasalz aus Island

## *Zubereitung*

Den Backofen auf 200 °C Ober-/Unterhitze vorheizen.

Die Haselnüsse in einer Schicht auf ein Blech legen und 10–15 Minuten im heißen Ofen rösten. Darauf achten, dass die Nüsse nicht zu dunkel werden. Herausnehmen und abkühlen lassen.

Honig und Zucker in einem Topf mischen, bei mittlerer Hitze erwärmen und so lange umrühren, bis die Mischung von goldgelber Farbe ist. Die Schokolade in sehr kleine Stücke schneiden und portionsweise in die heiße Honig-Zucker-Mischung geben, sodass sie darin schmelzen kann. Die Butter klein würfeln und mit dem Kochlöffel nach und nach unterrühren. Alle Zutaten sollen gut miteinander verbunden sein.

Die Haselnüsse von den Schalen befreien (dafür am besten zwischen den Händen reiben) und unter die Honig-Schokolade-Mischung ziehen. Die Masse etwa 1,5 cm dick auf ein Blech streichen und noch warm mit etwas Fleur de Sel bestreuen. Mehrere Stunden kühl stellen.

Vor dem Servieren in kleine Stücke brechen oder schneiden. So passt das Konfekt prima zu Espresso, außerdem hält es sich kühl gelagert mindestens zwei Wochen.

### *GUT ZU WISSEN*

*Die Haselnüsse sorgen für den nötigen Crunch, während das aufgestreute Salz den feinen Geschmack der Schokolade herauskitzelt. Ein einfaches Dessert, das für Überraschung sorgt.*

## EQUIPMENT

kleiner Kupfertopf

Backblech

# Schokoladenflan mit Rhabarber

*Für 10–12 Portionen · Zubereitungszeit: 40 Minuten*

## ZUTATEN

Für den Schokoladenflan:

200 g dunkle Schokolade

200 g Butter

5 Bio-Eier

200 g Zucker

1 EL Cognac

2 EL Mehl

klein geschnittener Ingwer (nach Belieben)

Für den Rhabarber:

800 g Rhabarber

100 g Zucker

100 ml Grenadinesirup

Mark von 1 Vanilleschote

Abrieb von 1 Bio-Orange

## EQUIPMENT

Backblech

Kupfertopf

Schlagschüssel

kleine Pfanne

*Zubereitung*

Den Backofen auf 160 °C Ober-/Unterhitze vorheizen.

Ein Blech mit Backpapier auslegen. Die Schokolade in kleine Stückchen brechen und mit der Butter in einem Wasserbad schmelzen. Abkühlen lassen.

Die Eier trennen. Die Eigelbe mit 2/3 des Zuckers schaumig schlagen und den Cognac unterrühren. Die Schokoladenmischung unter die Eigelbmasse ziehen, das Mehl darübersieben und ebenfalls untermengen. Nach Belieben etwas Ingwer zufügen und glatt rühren. Die Eiweiße in der Schlagschüssel mit dem restlichen Zucker halbsteif schlagen. Den Eischnee locker unter den Teig heben und diesen auf das Blech streichen. Im Ofen etwa 20 Minuten backen.

Den Rhabarber dünn schälen und in gleichmäßig große Stücke schneiden. Den Zucker in einer heißen Pfanne karamellisieren lassen, etwas Grenadinesirup zugießen und den Rhabarber kurz darin schwenken. Vanillemark und Orangenabrieb zugeben. Beiseitestellen.

Den Schokoladenflan in gleichmäßig große Stücke schneiden und auf Tellern anrichten. Dazu den Rhabarber und eine Kugel Eis (siehe Seite 117) servieren.

*GUT ZU WISSEN*

*Der Schokoladenflan geht beim Backen auf, fällt beim Abkühlen aber wieder zusammen. Das ist gewollt, denn nur so erhält er eine Konsistenz, die an Eiskonfekt aus der Schulzeit erinnert. Gut verpackt hält sich der Flan im Kühlschrank bis zu 1 Woche.*

# Sachertorte

*Für 1 Kuchen · Zubereitungszeit: 60 Minuten*

## ZUTATEN

Für die Torte:

130 g zimmerwarme Butter, plus etwas mehr für die Form

110 g Puderzucker

Mark von 1 Vanilleschote

6 Bio-Eier

130 g dunkle Schokolade

110 g sehr feiner Zucker

130 g Mehl, plus etwas mehr für die Form

Marillenkonfitüre

Für die Glasur:

250 g Zartbitterschokolade (70 % Kakaoanteil)

300 g Zucker

## EQUIPMENT

Schlagschüssel

Springform (24 cm Ø)

kleiner Topf

Faden

Palette

Marmorplatte

*GUT ZU WISSEN*

*Eine Spezialität der österreichischen Küche und ein absoluter Klassiker. Kreiert wurde sie von dem 16-jährigen Franz Sacher im Jahr 1832, damals noch Kochlehrling am kaiserlichen Hof. Die Torte zwar kühl, aber lieber nicht im Kühlschrank lagern, da sie sonst schwitzt.*

*Zubereitung*

Den Backofen auf 175 °C Ober-/Unterhitze vorheizen. Eine Springform fetten und leicht mehlen.

In einer Schüssel die Butter mit dem Puderzucker schaumig schlagen. Das Vanillemark zugeben, die Eier trennen und nach und nach die Eigelbe einzeln unterrühren. Die Schokolade sehr fein hacken und in der Kupferschlagschüssel in einem Wasserbad vorsichtig schmelzen.

Die Eiweiße locker aufschlagen, den Zucker einrieseln lassen und dann zu einem steifen Eischnee schlagen.

Die geschmolzene Schokolade in die Eigelbmasse rühren, das Mehl darübersieben und ebenfalls untermengen. Den Eischnee vorsichtig und möglichst luftig unterheben. Den Teig gleichmäßig in der Springform verteilen und im Ofen etwa 50 Minuten backen. Die Torte ist fertig, wenn an einem in die Mitte gestochenen Holzstäbchen beim Herausziehen keine feuchten Krümel mehr haften bleiben. Abkühlen lassen.

In einem kleinen Topf die Marillenkonfitüre leicht erwärmen. Die Torte mithilfe eines Fadens in zwei gleich dicke Böden schneiden. Den unteren Boden mit der Konfitüre bestreichen und den zweiten Boden wieder obenauf setzen.

Für die Schokoladenglasur die Schokolade in Stücke brechen und mit 125 ml Wasser und Zucker erwärmen. So lange rühren, bis die Schokolade geschmolzen ist und sich alles gut miteinander verbunden hat.

Um ein perfektes Ergebnis zu erzielen, die Schokolade temperieren: Dafür etwa die Hälfte der Masse auf eine Marmorplatte gießen (die restliche Schokolade im Topf weiter gut rühren) und mit einer Palette verstreichen, bis die Schokolade andickt. Zurück in den Topf geben, verrühren und den Vorgang so lange wiederholen, bis die Schokoladenmasse dicklich in der Konsistenz ist. Abschließend die Torte mit reichlich Schokoladenglasur überziehen.

# Gebrannte Mandeln

*Für 2 Portionen · Zubereitungszeit: 10–15 Minuten*

## ZUTATEN

150 g Zucker

½ TL Zimt

200 g ganze Mandeln mit Schale

*Zubereitung*

Zucker und Zimt mit 100 ml Wasser in einer Pfanne zum Kochen bringen und unter ständigem Rühren aufkochen lassen, bis sich der Zucker aufgelöst hat. Die Mandeln zugeben, weiterrühren und bei mittlerer bis starker Hitze 6–8 Minuten köcheln lassen: Sobald die Flüssigkeit verdampft ist, umgibt der kristallisierte Zucker die Mandeln mit einer trockenen Schicht. Weiterrühren, bis sich der Zucker karamellisiert und alle Nüsse gleichmäßig überzogen hat (darauf achten, dass das Karamell nicht zu dunkel wird).

Sofort auf Backpapier oder eine Backmatte geben und die Mandeln gegebenenfalls mit zwei Gabeln voneinander trennen. Vollständig erkalten lassen.

*GUT ZU WISSEN*

*Die süßen Mandeln werden besonders gerne auf Jahrmärkten und Volksfesten verkauft, zu Hause sind sie ein toller Snack für Feiern oder gemütliche Filmabende. Wer möchte, kann die Mandeln mit seinen Lieblingsgewürzen (z. B. Vanille, Kardamom oder Chili) verfeinern.*

## EQUIPMENT

Kupferpfanne

# Bierbrot

*Für 1 Brotlaib · Zubereitungszeit: 1 Stunde plus 12 Stunden Gehzeit*

## ZUTATEN

1 kg Dinkelmehl

1 ½ EL Salz

15 g Hefe

500 ml Weizenbier

1 TL Brotgewürz (z. B. Koriandersamen, Kreuzkümmelsamen, Fenchelsaat, Anis)

## EQUIPMENT

hoher Kupfertopf mit Deckel

*Zubereitung*

Das Mehl mit dem Salz in eine Schüssel sieben und in die Mitte eine Mulde drücken. Die Hefe hineinbröckeln, Bier und 300 ml lauwarmes Wasser zugießen und vorsichtig untermischen. Die Gewürze zugeben. Den Teig kräftig kneten, bis er glatt ist, und zu einer Kugel formen. In eine Schüssel setzen und diese mit Frischhaltefolie abdecken. (Hierfür keine Kupferschüssel verwenden, um die Bildung von Kupferacetat zu vermeiden!) 12 Stunden gehen lassen.

Den Backofen auf 200 °C Ober-/Unterhitze vorheizen.

Den Topf in den Ofen stellen. Sobald er heiß ist, den Teig hineingleiten lassen und den Deckel aufsetzen. Etwa 40 Minuten backen, dann den Deckel abnehmen und in weiteren 10 Minuten fertig backen.

Herausnehmen und das Brot sofort aus dem Topf stürzen (nur wenn es sich leicht vom Rand löst, ist es fertig).

*GUT ZU WISSEN*

*Bier wird traditionell in Kupferkesseln gebraut (siehe Seite 180). Auch zum Backen von Bierbrot eignet sich ein Kupfertopf mit Deckel.*

# Knäckebrot

*Für 1 Kastenform · Zubereitungszeit: 40 Minuten plus über Nacht kühl stellen*

## ZUTATEN

200 g Bio-Eiweiß

200 g Mehl (Type 550)

200 g Kürbiskerne

Fleur de Sel

*Zubereitung*

Den Backofen auf 120 °C Ober-/Unterhitze vorheizen. Eine Kastenform mit Backpapier auskleiden.

Die Eiweiße in der Kupferschlagschüssel steif schlagen. Das Mehl darübersieben und mit den Kürbiskernen vorsichtig unterheben. In die Kastenform streichen und im Ofen etwa 30 Minuten leicht goldgelb backen. Abkühlen lassen.

Das Brot aus der Form stürzen und – sobald es abgekühlt ist – in Klarsichtfolie wickeln und über Nacht kühl stellen.

Den Backofen auf 100 °C Ober-/Unterhitze vorheizen.

Mit der Brotschneidemaschine das Brot in hauchdünne Scheiben schneiden, diese nebeneinander auf ein Blech legen und mit Fleur de Sel bestreuen. Im Ofen etwa 8 Minuten goldgelb und knusprig backen.

**Gut zu Wissen**

*Am besten das gebackene Brot vor dem Aufschneiden für mindestens 24 Stunden kühl stellen. Dann lässt es sich viel einfacher besonders dünn aufschneiden.*

## EQUIPMENT

Kastenform

Kupferschlagschüssel

Brotschneidemaschine

# Moscow Mule

*Für 1 Becher · Zubereitungszeit: 10 Minuten*

## ZUTATEN

Eiswürfel

5 cl Wodka

1 cl Limettensaft

10 cl Ginger Beer

1 Bio-Limettenscheibe zum Servieren (nach Belieben)

1 Bio-Gurkenscheibe zum Servieren (nach Belieben)

1 Stängel frische Minze zum Servieren (nach Belieben)

*Zubereitung*

Einen Kupferbecher mit Eiswürfel füllen. Wodka und Limettensaft über die Eiswürfel gießen und mit Ginger Beer auffüllen. Mit Limetten- und/oder Gurkenscheiben servieren und nach Belieben noch Minze dazu reichen.

*GUT ZU WISSEN*

*Einer der beliebtesten Drinks weltweit. Dass Moscow Mule stilecht im Kupferbecher ausgeschenkt wird, ist übrigens ein Marketinggag aus den 1940ern und sollte das neu kreierte, bis dato noch unbekannte Getränk unverwechselbar machen.*

## EQUIPMENT

Kupferbecher

# Glühwein

*Für 4 Becher · Zubereitungszeit: 40 Minuten*

## ZUTATEN

750 ml Rotwein (eine fruchtige Sorte, z. B. Dornfelder oder Spätburgunder)

Schale von 1 Bio-Orange (mit dem Zestenreißer abgeraspelt)

1 TL gemahlener Kardamom

2 Sternanis

1 Zimtstange

1 Stück Ingwer (1 cm)

3 Gewürznelken

2 EL Zucker, plus etwas mehr (nach Belieben)

5 cl Rum

*Zubereitung*

In einem Topf den Rotwein mit Orangenschale, Gewürzen und Zucker kurz aufkochen. Die Temperatur reduzieren und bei geringer Hitze etwa 30 Minuten ziehen lassen. Abschmecken und nach Belieben noch etwas mehr Zucker zufügen. Erst kurz vor dem Servieren den Rum untermischen.

*GUT ZU WISSEN*

*Mit dem Glühwein lässt sich auch eine winterliche Zabaglione (siehe Seite 125) aufschlagen, die wiederum gut zu pochierter Birne passt.*

## EQUIPMENT

Kupfertopf mit Deckel

Kupferbecher

# Erdbeerkonfitüre

*Für 4 kleine Gläser · Zubereitungszeit: 30–40 Minuten*

## ZUTATEN

750 g Erdbeeren (z. B. Mieze Schindler)

100 g Zucker

Saft von 1 Zitrone

*Zubereitung*

Die Erdbeeren waschen, putzen und mit Küchenpapier trocken tupfen. Mit Zucker und Zitronensaft in einen Marmeladentopf geben, die Früchte vorsichtig zerdrücken, alles erhitzen, sodass der Zucker schmilzt, und kurz aufkochen. Den sich auf der Oberfläche absetzenden Schaum abschöpfen und die Früchte bis zur gewünschten Konsistenz einkochen.

Noch heiß bis zum Rand in sterile Einmachgläser füllen, mit Deckeln verschließen und stürzen. Nach etwa 2 Stunden wieder umdrehen. Die Konfitüre ist so länger haltbar.

*Die traditionelle Methode*

Wenn Sie ganz klassisch und traditionell Konfitüre im Kupfertopf einkochen möchten, gehen Sie wie die französische Köchin Christine Ferber mit ihrer Dreitagemethode vor (siehe Seite 167). Diese dauert zwar etwas länger, das Ergebnis ist dafür aber umso aromatischer.

*GUT ZU WISSEN*

*Erdbeeren mögen keinen langen Transport und sollten beim Kauf aromatisch duften. Natürlich schmecken die Früchte pur und mit geschlagener Sahne am besten, aber auch eingekocht als Konfitüre sind sie ein besonderer Genuss. Die Konfitüre lieber schnell aufbrauchen, denn sie hält sich nicht so lange.*

## EQUIPMENT

Marmeladentopf

Einmachgläser à 200 ml Fassungsvermögen

# Rhabarberkonfitüre

*Für 6 Gläser · Zubereitungszeit: 35–40 Minuten*

## ZUTATEN

1 kg Rhabarber

750 g Zucker

Saft von 1 Zitrone

2 EL Grenadinesirup

## EQUIPMENT

Marmeladentopf

Einmachgläser à 250 ml Fassungsvermögen

*Zubereitung*

Den Rhabarber dünn schälen und in etwa 1 cm große Stücke schneiden. Mit dem Zucker in einer Schüssel vermengen, abdecken und mindestens 12 Stunden kühl stellen. (Hierfür keine Kupferschüssel verwenden, um die Bildung von Kupferacetat zu vermeiden!)

Am nächsten Tag die Rhabarber-Zucker-Mischung in einen Marmeladentopf geben und erhitzen, sodass der Zucker schmilzt. Köcheln lassen und den sich an der Oberfläche absetzenden Schaum abschöpfen. Mit Zitronensaft abschmecken und Grenadinesirup unterrühren – so erhält der Rhabarber eine schöne rosa Färbung. Bis zur gewünschten Konsistenz einkochen.

Noch heiß bis zum Rand in sterile Einmachgläser füllen, mit Deckeln verschließen und stürzen. Nach etwa 2 Stunden wieder umdrehen. Die Konfitüre ist so mehrere Monate haltbar.

*(Klassische Einkochmethode im Kupfertopf, siehe Seite 167)*

*GUT ZU WISSEN*

*Rhabarber ist ein echter Frühlingsliebling. Einer alten Bauernregel zufolge sollte das Gemüse aber nach Johanni (24. Juni) nicht mehr geerntet werden. Denn im Sommer bildet es mehr Oxalsäure aus, wird damit immer saurer und außerdem auch holzig.*

# Kirschkonfitüre

*Für 6 Gläser · Zubereitungszeit: 30–40 Minuten*

## ZUTATEN

1 kg Kirschen

750 g Zucker

Saft von 1 Zitrone

2 EL Kirschwasser

*Zubereitung*

Die Kirschen waschen, entsteinen und mit Zucker und Zitronensaft in einem Marmeladentopf kurz aufkochen. In eine Schüssel umfüllen, erkalten lassen und abgedeckt über Nacht an einem kühlen Ort ziehen lassen. (Hierfür keine Kupferschüssel verwenden, um die Bildung von Kupferacetat zu vermeiden!)

Am nächsten Tag die bereits angedickte Masse wieder in den Marmeladentopf geben, erneut aufkochen und den sich an der Oberfläche absetzenden Schaum abschöpfen. Mit dem Kirschwasser aromatisieren. Die Früchte bis zur gewünschten Konsistenz einkochen und gegebenenfalls auf einem kalten Teller eine Gelierprobe machen: Dafür den Teller schräg halten und etwas von der Konfitüre daraufgeben. Zerläuft sie sehr, sollte die Kochzeit verlängert werden.

Noch heiß bis zum Rand in sterile Einmachgläser füllen, mit Deckeln verschließen und stürzen. Nach etwa 2 Stunden wieder umdrehen. Die Konfitüre ist so mehrere Monate haltbar.

*(Klassische Einkochmethode im Kupfertopf, siehe Seite 167)*

*GUT ZU WISSEN*

*Spät- oder Sauerkirschen schmecken weitaus aromatischer als die frühen Sorten. Deshalb lieber warten, bis die Kirschernte im Juni auf ihrem Höhepunkt ist.*

## EQUIPMENT

Marmeladentopf

Einmachgläser à 250 ml Fassungsvermögen

# Holundergelee

*Für 3 Gläser · Zubereitungszeit: 30-40 Minuten*

## ZUTATEN

600 g Holunderbeeren

140 g Zucker

Mark von 1 Vanilleschote

1 EL Zitronensaft

*Zubereitung*

Die Holunderbeeren waschen, die Stiele entfernen. Mit Zucker, Vanillemark und Zitronensaft in einen Marmeladentopf geben, alles erhitzen, sodass der Zucker schmilzt, und kurz aufkochen. Den sich auf der Oberfläche absetzenden Schaum abschöpfen und so lange köcheln lassen, bis die Beeren weich sind.

Noch heiß durch ein feines Sieb oder ein Passiergerät streichen. Die Flüssigkeit zurück in den Topf geben und nochmals erhitzen.Wieder köcheln lassen, bis die gewünschte Konsistenz erreicht ist. (Dazu am besten eine Gelierprobe machen: Einen sauberen kleinen Teller neben den Topf stellen. Sobald die Flüssigkeit zu gelieren beginnt, mit dem Kochlöffel einen kleinen Klecks auf den Teller geben. Bleibt das Gelee flüssig, muss es noch weiterkochen. Wird es auf dem Teller schon fest und zieht an, ist es fertig.)

Noch heiß bis zum Rand in sterile Einmachgläser füllen, mit Deckeln verschließen und stürzen. Nach etwa 2 Stunden wieder umdrehen. Das Gelee ist so mehrere Monate haltbar. Es passt gut zu süßen Speisen, aber auch zu Wild.

*GUT ZU WISSEN*

*Der Holunderbusch trägt im Sommer duftende weiße Blütendolden, aus denen Sirup gemacht wird. Nicht abgeerntete Blüten bilden zunächst grüne und dann tief violette, fast schwarze kleine Beeren aus, deren herb-süßlicher Saft gut gegen Husten und Erkältung wirkt. Die Beeren eignen sich auch für süße Gelees.*

## EQUIPMENT

Marmeladentopf

Einmachgläser à 250 ml Fassungsvermögen

# Aprikosenkonfitüre

*Für 4 kleine Gläser · Zubereitungszeit: 30–40 Minuten*

## ZUTATEN

1 kg Aprikosen

Abrieb und Saft von 1 Bio-Zitrone

500 g Zucker

2 TL Marillenbrand

*Zubereitung*

Die Aprikosen mit heißem Wasser übergießen, die Haut abziehen, die Früchte halbieren und entsteinen. Den Zitronensaft in eine Schüssel geben und die Aprikosen darin schwenken, sodass sie nicht braun anlaufen.

Die Aprikosen mit Zitronenabrieb und Zucker in einen Marmeladentopf geben, erhitzen, sodass der Zucker schmilzt, kurz aufkochen. Den sich auf der Oberfläche absetzenden Schaum abschöpfen und die Früchte bis zur gewünschten Konsistenz einkochen. Mit dem Marillenbrand ablöschen und nach Belieben abschmecken.

Noch heiß bis zum Rand in sterile Einmachgläser füllen, mit Deckeln verschließen und stürzen. Nach etwa 2 Stunden wieder umdrehen. Die Konfitüre ist so mehrere Monate haltbar.

*(Klassische Einkochmethode im Kupfertopf, siehe Seite 167)*

GUT ZU WISSEN

*Bei so vielen Aprikosen bleiben auch eine Menge Kerne übrig: Diese am besten mit einem Nussknacker aufbrechen und gut trocknen lassen. Dann lassen sie sich als Bittermandeln, z. B. für Amarettini weiterverarbeiten.*

## EQUIPMENT

Marmeladentopf

Einmachgläser à 250 ml Fassungsvermögen

# Weihnachtskonfitüre

*Für 4 kleine Gläser · Zubereitungszeit: 30–40 Minuten*

## ZUTATEN

1 kg Zwetschgen

800 g Zucker

Schale von 1 Bio-Zitrone

Schale von 1 Bio-Orange

Mark von 1 Vanilleschote

½ frisch geriebene Tonkabohne

2 EL Walnüsse

1 Zimtstange

2 Sternanis

4 Gewürznelken

*Zubereitung*

Die Zwetschgen waschen, entsteinen und grob zerkleinern. Mit Zucker, Zitronen- und Orangenschale, Vanillemark und Tonkabohne in einen Marmeladentopf geben. Die Walnüsse grob hacken und zufügen, die restlichen Gewürze in ein Säckchen füllen und in den Topf hängen. Erhitzen, sodass der Zucker schmilzt, köcheln lassen und den sich auf der Oberfläche absetzenden Schaum abschöpfen. Bis zur gewünschten Konsistenz einkochen.

Das Gewürzsäckchen entfernen und die Konfitüre noch heiß durch ein feines Sieb oder ein Passiergerät streichen. Bis zum Rand in sterile Einmachgläser füllen, mit Deckeln verschließen und stürzen. Nach etwa 2 Stunden wieder umdrehen. Die Konfitüre ist so mehrere Monate haltbar.

## EQUIPMENT

Marmeladentopf

Gewürzsäckchen

feines Sieb

Einmachgläser à 250 ml Fassungsvermögen

*GUT ZU WISSEN*

*Für diese Konfitüre eignen sich Spätzwetschgen am besten, denn sie haben einen sehr hohen Zuckergehalt. Besonders aromatisch sind die kleinen, am Stielansatz bereits etwas runzligen Früchte.*

# Feigenchutney

*Für 3 kleine Gläser · Zubereitungszeit: 40 Minuten*

## ZUTATEN

600 g getrocknete Feigen, davon 2 Feigen zum Servieren beiseitelegen

¼ l Apfelessig

Saft und Abrieb von 4 Bio-Zitronen

1 Zimtstange

3 Lorbeerblätter

etwas Apfelsaft oder Rotwein bei Bedarf

Salz und schwarzer Pfeffer aus der Mühle

## EQUIPMENT

Kupfertopf

3 Einmachgläser à 250 ml

*Zubereitung*

Die Feigen klein schneiden und in einer Schüssel mit dem Apfelessig übergießen. Über Nacht einweichen.

Die Feigenmischung, Zitronensaft, -abrieb, Zimtstange und Lorbeerblätter in einen Topf geben und zum Kochen bringen. Gelegentlich umrühren und bei Bedarf etwas zusätzliche Flüssigkeit (Apfelsaft oder Rotwein) zugießen. Sobald das Chutney sämig eingekocht ist, Zimtstange und Lorbeerblätter entfernen und mit reichlich Salz und Pfeffer würzen.

Abschließend 2 Feigen klein schneiden. Das Chutney in eine Schüssel geben und mit den Feigenstückchen obenauf servieren. Oder zum Konservieren in Einmachgläser füllen.

*GUT ZU WISSEN*

*Für das Chutney können auch getrocknete Datteln statt Feigen verwendet werden, außerdem passt es gut zu kurz gebratenem Schweinefleisch (z. B. Schweinekotelett, siehe Seite 93). Kühl und luftdicht verschlossen lässt sich das Chutney bis zu mehrere Wochen im Kühlschrank aufbewahren.*

# Kirschchutney & Fourme d'Ambert

*Für 4 kleine Gläser · Zubereitungszeit: 40 Minuten*

## ZUTATEN

500 g Kirschen

2 rote Zwiebeln

2 frische Lorbeerblätter

1 TL Pimentkörner

2 EL Olivenöl

100 ml Rotwein

2 EL Zucker

2 EL dunkler Balsamicoessig

Saft von ½ Zitrone

Salz und schwarzer Pfeffer aus der Mühle

50 g Fourme d'Ambert (Blauschimmelkäse) pro Person

*Zubereitung*

Die Kirschen waschen, entsteinen und halbieren, die Zwiebeln schälen, halbieren und in gleichmäßig große Würfel schneiden. Diese bei geringer Hitze zusammen mit den Lorbeerblättern und den Pimentkörnern in einem Marmeladentopf in Olivenöl anschwitzen, dabei aber nicht braun werden lassen. Die Kirschen zugeben, sanft köcheln und mit Rotwein ablöschen. Etwas reduzieren, dann den Zucker einrieseln und den Balsamicoessig einfließen lassen. Sobald eine sirupartige Konsistenz des austretenden Kirschsaftes erreicht ist, mit Zitronensaft, Salz und Pfeffer abschmecken.

In Einmachgläser füllen und bis zur Verwendung kühl lagern. Beim Servieren etwas Blauschimmelkäse zum Chutney reichen.

*GUT ZU WISSEN*

*Fourme d'Ambert ist ein drei Monate gereifter Blauschimmelkäse aus Kuhmilch, der weniger salzig als Roquefort schmeckt. Das Kirschchutney schmeckt am besten, wenn es durchgezogen ist – daher am besten ein paar Tage im Voraus zubereiten.*

## EQUIPMENT

Marmeladentopf

kleine Einmachgläser à 250 ml Fassungsvermögen

# Ansichten aus dem Inneren des Kupfers

VON THOMAS A. VILGIS

# Ursachenforschung eines kochenden Wissenschaftlers

Was man keinesfalls in Kupferkessel geben sollte, sind Sesterzen, meinte seinerzeit Obelix, als ein zwielichtiger Stammeshäuptling und Steuerhinterzieher einen Kessel voll Geld dem 50 Jahre vor Christus einzig noch nicht von den Römern besetzten Dorf zur Bewachung übergab – Zwiebelsuppe sei mit Sicherheit besser.
*(Goscinny und Uderzo 1972)*

*»Sesterzen« – alte, oxidierte Kupfermünzen*

Obelix hatte natürlich recht. Kochen lässt sich im Kupfergeschirr schließlich sehr gut, aus vielen bekannten und weniger bekannten Gründen, die im Hinblick auf eine möglichst allumfassende Beleuchtung der Thematik auf ihre wissenschaftliche Tragfähigkeit zu prüfen sind.

Die chemischen Besonderheiten der »Kochgeschirre« aus Kupfer wurden bereits 1855 nach dem damaligen Stand des Wissens abgehandelt (Hirzel 1855). Schon damals wurden die Vorzüge wie auch Nachteile von Kupfer als Kochgeschirr ausdrücklich beschrieben. Dort ist, im Original von C. Heinrich Hirzel verfasst, über Kupfergeschirr wörtlich zu lesen: »*Das Kupfer, dieses allgemein bekannte, durch seine eigenthümlich rothe Farbe leicht erkennbare Metall, besitzt die in diesem Falle wichtige Eigenschaft, beim Liegen an der Luft und besonders bei Berührung mit sauren, schleimigen oder fetten Substanzen matt zu werden und sich mit einem grünen Häutchen zu bedecken. Diese oxidierte Schicht, im alltäglichen Leben Grünspan genannt, besteht aus wasserhaltigem kohlensaurem Kupferoxyd, und bildet sich, indem das Kupfer Sauerstoff, Wasser und Kohlensäure aus der Luft anzieht. Es löst sich sehr leicht in allen Speisen auf und theilt denselben giftige Wirkungen mit. Die Kochgeschirre von Kupfer empfehlen sich allerdings durch ihre Solidität, sind auch schon seit uralten Zeiten gebräuchlich und waren noch zu Anfang dieses Jahrhunderts der Stolz der Hausfrauen, indem sie als die Zierde einer Küche betrachtet wurden. Sie sind aber, wie aus Obigem hervorgeht, sehr gefährlich und geben stets, selbst wenn sie vorher ganz blank gescheuert worden, etwas Kupfer an die Speisen ab. Werden nun täglich solche Speisen genossen, so sammelt sich das Kupfer in immer größerer Menge in dem Körper an, und wenn auch anfangs keine übeln Folgen verspürt wurden, so macht doch dieses giftige Metall mit der Zeit seine Wirkung geltend und stört zunächst die Vorgänge der Verdauung; dann kommen aber plötzlich heftige Krankheitserscheinungen zum Vorschein, die meistens den Tod herbeiführen oder wenigstens nur in einzelnen Fällen ganz beseitigt werden können. Diese Erscheinungen sind zunächst: heftiger anhaltender Kopfschmerz, Appetitlosigkeit, Neigung zum Brechen; sie steigern sich, und es treten immer heftiger werdende Magen- und Leibschmerzen, stetes Uebelbefinden, Erbrechen, Krämpfe und fieberhafter Zustand auf. Das Gesicht wird fahl, der Körper magert zusehends ab, und erst im elendesten Zustande befreit der Tod sein unglückliches Opfer von den großen Leiden der Kupfervergiftung. Wohl hat man empfohlen und gebeten, alles zum Hausgebrauche bestimmte Kupfergeräthe mit einer dünnen Lage von reinem Zinn zu bedecken (zu verzinnen), und es läßt sich nicht läugnen, daß selbst sehr saure und fette Speisen in gut verzinntem Kupfergeschirr gekocht werden können, ohne nur eine Spur von Kupfer aufzulösen; allein oftmals ist die Verzinnung nicht vollständig, besonders bei alten Kupferpfannen, die viele Beulen haben; auch nutzt sich dieselbe sehr schnell ab, wird dann gewöhnlich nicht gleich oder gar nicht wieder erneuert, und so sind die erwähnten Uebelstände immer nicht dadurch gehoben. Das Kupfergeschirr ist zwar in der neueren Zeit aus vielen Küchen ganz verschwunden; doch fehlt es namentlich auf dem Lande und in kleineren Städten, von welchen wir viele nahmhaft machen könnten, nur in wenigen Küchen, und wir finden in diesen besonders größere, gewöhnlich geerbte Kessel von Kupfer, an deren innerer Fläche meist nur Spuren von Zinn, dagegen um so dickere Grünspanhäutchen sitzen, und doch werden solche Kessel mit unglaublicher Sorglosigkeit zum Einsieden von Pflaumen, Preiselbeeren, Heidelbeeren und anderen sauren Früchten, zum Kochen von Klößen, Fischen u.s.w. benutzt. Die Folgen des öfteren Kupfergenusses sind aber in solchen Familien auch deutlich genug an den blassen kränkelnden Gesichtern der von Krämpfen heimgesuchten Leute zu erkennen. Das Kupfer sollte daher aus jeder Küche entfernt werden, und es ist in der That vollständig entbehrlich.«* (entnommen aus https://de.wikisource.org/wiki/Kochgeschirre)

*Küche mit einer Vielzahl an Kupfertöpfen und -pfannen in einem mittelalterlichen Schloss.*

Die wörtliche Wiedergabe erfolgt gerade deshalb, weil es einen besseren Leitfaden für die folgenden Betrachtungen – 165 Jahre später – kaum geben kann. Viele noch immer aktuelle Themen wurden bereits damals angesprochen, aber heute ist der Stand des Wissens weiter. Natürlich muss das Kupfergeschirr nicht aus den Küchen entfernt werden, natürlich ist es in vielen Profiküchen unentbehrlich und natürlich wird man nicht »zweifelsohne krank«, wenn in Kupfer gekocht wird. Wir wissen heute zweifelsfrei, was besser in reinem Kupfer, was besser in beschichteten Kupfertöpfen gekocht wird. Und wir wissen heute auch, wie nahe die antibakterielle Wirkung und die Toxizität von Kupfer beieinanderliegen. Wie immer finden sich bei Zweifeln und offenen Fragen die Antworten im »Molekularen«, also auf der Ebene der Atome und Moleküle. Daher begeben wir uns im Folgenden auf eine Reise ins Innere des Kupfergeschirrs, ins Kleinste der darin gekochten Lebensmittel, um daraus ein tiefes und objektives Verständnis zu erlangen. Denn erst ein fundiertes Wissen um das Wieso, Weshalb und Warum ist ein Teil des sicheren und garantierten Genusses.

## Was ist Kupfer?

Kupfer ist chemisch gesehen ein Metall (präziser, aufgrund seiner Stellung im Periodensystem der Elemente, ein Übergangsmetall). Dabei liegt der Schmelzpunkt von Kupfer mit 1083 °C deutlich unter dem von Nickel (1495 °C) oder Eisen (1535 °C), weshalb es sich zugleich leichter als andere Metalle verarbeiten lässt. Kupfer »erweicht« bereits zwischen 800 °C und 900 °C und wird damit über Schmieden verformbar. Kein Wunder also, dass sich Kupfer schon zu Beginn des Neolithikums vor etwa 10 000 Jahren in der Menschheitsgeschichte als »Gebrauchsmetall« durchsetzte: Es ließ sich mit einfachen Mitteln bei verhältnismäßig niedrigen Temperaturen, die mit Feuer und Glut ohne allzu viel technischem Aufwand erreicht werden, verarbeiten. Die Metallverarbeitung nahm mit Kupfer in der Kupfersteinzeit seinen Anfang, lange bevor Legierungen von Kupfer mit anderen Metallerzen die Bronzezeit in der Menschheitsgeschichte einleiteten (Kienlin 2004).

## Metalle als Kochgeschirr

Metalle sind als Kochgeschirre wegen ihrer Temperaturbeständigkeit und ihrer Fähigkeit, Hitze zu übertragen, zweckmäßig. Sie lösten in der Menschheitsgeschichte aber Tongefäße nicht ab, die als Tajine und Römertopf nach wie vor in Gebrauch sind. Um rasche und vor allem sichere Bratergebnisse zu erhalten, sind Metalle unschlagbar. Sie halten – im Gegensatz zu Ton – rasche Temperaturänderungen aus, und springen nicht so leicht entzwei. Die Klassifizierung der Metalle, die als Kochgeschirre verwendet werden, ist in *Abbildung 1* schematisch dargestellt.

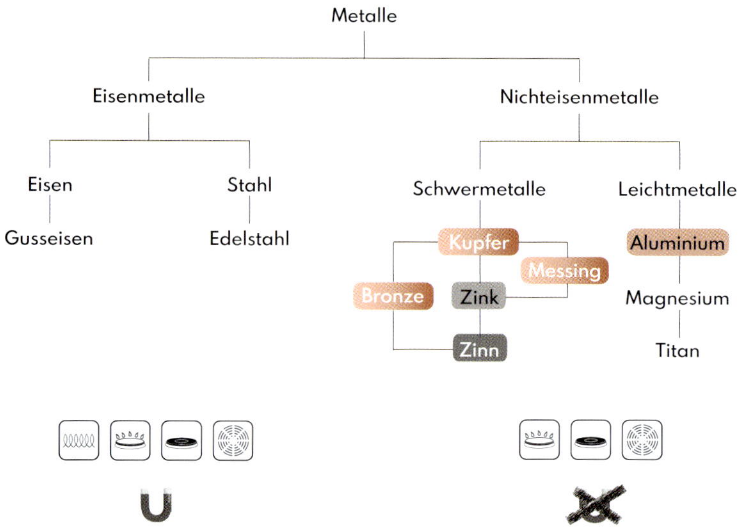


*Abb. 1: Die für Kochgeschirr verwendeten Metalle weisen unterschiedliche Eigenschaften auf: Eisenmetalle sind grundsätzlich magnetisch, also induktionstauglich, wohingegen Nichteisenmetalle, darunter Kupfer und dessen Legierungen sowie Aluminium, die Wärme besser leiten. Letztere sind nicht magnetisch und können daher auf Induktionsplatten nicht verwendet werden.*

Alle Metalle lassen sich grundsätzlich in Eisen- und Nichteisenmetalle einteilen. Bekannte Vertreter auf der Seite der Eisenmetalle für Kochgeschirre sind Edelstahltöpfe oder gusseiserne Pfannen oder Bräter. Auf der Seite der Nichteisenmetalle finden sich Aluminiumtöpfe und natürlich Kupferkochgeschirre bzw. deren Legierungen mit Zinn (besonders in der Bronzezeit verwendet) wie auch Messing, wenn dem Kupfer bis zu 40 % Zink beigefügt ist. Der Vorteil von Kupfer (und Messing) ist die hohe Wärmeleitfähigkeit, die beim Kochen und Braten zunächst die größte Rolle spielt. Gerade beim raschen Anbraten oder beim Reduzieren von Saucen steht diese »makroskopische Eigenschaft« des Kupfers im Vordergrund.

Für Induktionsfelder sind die nichtmetallischen Kochgeschirre allerdings nicht geeignet. Die elektromagnetischen Wirbelfelder in den Induktionsplatten regen im nichtmagnetischen Kupfer keine Ströme an, sie bleiben also »kalt«. Hin und wieder findet man Kupferkochgeschirr mit Stahlböden, damit sie induktionsgerecht werden. Dieser technische Kunstgriff ermöglicht nicht nur das Kochen mit Kupfer auf Induktionsherden, sondern bedingt erhebliche Vorteile. Zwar hat der ferromagnetische Boden eine um Faktor deutlich niedrige Wärmleitfähigkeit als Kupfer (siehe Tabelle 1), der Stahlboden ist dünn, die Wärme muss daher keine großen Strecken zurücklegen, bis sie auf Kupfer trifft. Dort wird die Wärme sofort weitergeleitet und an das Gargut rasch weitergegeben. Auch die Wände des Kupfergeschirrs leiten die Wärme besser als jedes andere Kochgeschirr. Die rasche Ausbreitung der Wärme lässt sich mit Wärmebildkameras sichtbar machen, wie es einmal in der Fernsehsendung »Wissen vor acht« dargestellt wurde. So ist es nicht verwunderlich, dass selbst auf Induktionsfeldern Kupfergeschirr Vorteile aufweist. Wasser kocht schneller.

## Physikalische Eigenschaften von Kupfer

Kupfer bildet – wie alle Metalle – Kristalle, die sehr regelmäßig geformt sind. So ordnen sich auch beim Kupfer die Atome auf »Gittern«, deren Struktur durch die Wechselwirkung der Atome und eine entsprechende »Raumfüllung« zwischen den Atomen gemäß ihren Wechselwirkungen und Größen optimal »ausgehandelt« wird. Beim reinen, perfekten Kupferkristall (Physiker sprechen dann vom »Einkristall«) sind die Atome auf einem exakten Würfel angeordnet, wobei im Zentrum der Würfelseitenflächen jeweils noch ein weiteres Kupferatom sitzt, wie in *Abbildung 2* dargestellt ist (siehe z. B. Miyamoto et al. 2005).

Bei dieser kubisch-flächenzentrierten Anordnung der Kupferatome befindet sich an jeder Ecke eines Würfels je ein Kupferatom. Diese sind in *Abbildung 2* hellbraun eingefärbt. Aber auch die Zentren der Flächen werden jeweils mit einem Kupferatom gefüllt, die der Übersichtlichtkeit wegen dunkelbraun dargestellt sind. Wenn man die in den Zentren der Flächen sitzenden Atome mit gedachten Linien verbindet, entsteht ein Oktaeder, wie rechts in *Abbildung 2* zu sehen ist. Wachsen Kupferkristalle (z. B. in den Erzen), müssen aus physikalischen Gründen immer zuerst die Oktaeder gebildet werden, bevor sich die Würfel vervollständigen können. Daher sind diese Oktaederstrukturen in manchen Fällen in Erzen zu erkennen. Diese Strukturen sind keine Fantasiegebilde, sondern lassen sich seit Langem mit Röntgenstrukturanalysen sehr genau nachmessen (siehe z. B. Kittel et al. 1969).

*Abb. 2: Reine Kupferkristalle (Mitte) sind regelmäßig geformt. Die Kristallstruktur ist kubisch-flächenzentriert, an jeder Ecke (beige), aber auch im Zentrum der Würfelflächen (braun) befinden sich Kupferatome (links). Verbindet man die Atome in den Flächenzentren mit gedachten Linien, zeigen sich Oktaeder (rechts). Genau diese sind bei den Einkristallen (Mitte) zu sehen. (Mittleres Bild entnommen aus: https://www.mineralienatlas.de/lexikon/index.php/Bildanzeige?pict=1300895209)*

Die Physik schreibt für die Bildung solcher Gitterstrukturen eine relativ einfache Regel vor: Die Energie des Kristalls muss so tief wie möglich sein, denn alles was von dieser Idealstruktur abweicht, »kostet« zusätzliche Energie. Dieser energetische Mehraufwand wird minimal gehalten, daher ist auch das Wachstum der Kristalle genau nach diesen Gesetzmäßigkeiten vorgeschrieben. Die kubisch-flächenzentrierte Anordnung der Kupferatome erlaubt es, diese sehr dicht zu packen. Mehr noch entspricht diese Anordnung der Atome sogar der »dichtesten Kugelpackung« bei einer Raumfüllung von 74 %, wie man sie von gestapelten (gleich großen) Orangen kennt, wenn sie als »Pyramide« und damit als Teil eines Oktaeders zu sehen sind. Daher ist das spezifische Gewicht von Kupfer mit 8920 kg/m$^3$ sehr hoch; Kupfer zählt damit zu den »Schwermetallen«.

Der entscheidende Vorteil von Kupfer für das Kochen liegt in der hervorragenden Wärmeleitfähigkeit (Gobrecht 2009). Von allen Metallen wird es nur von Silber übertroffen. Gusseisen, aus dem ebenfalls Kochgeschirr hergestellt wird, liegt mit einem Faktor 7 im Vergleich zu Kupfer deutlich schlechter. Selbst das Leichtmetall Aluminium leitet die Wärme nur halb so gut wie Kupfer (vgl. Tabelle 1). Allein darin begründet sich die Liebe der Profiköche zu diesem Material: Die Wärme verteilt sich blitzschnell und ist an jedem Punkt des Topfbodens rasch ausgeglichen.
Zum Vergleich sind in *Tabelle 1* die Wärmeleitfähigkeiten verschiedener Metalle für Kochgeschirre angegeben.

| Metall | Wärmeleitung W/(m K) |
|---|---|
| Kupfer | 380 |
| Aluminium | 220 |
| Messing MS60 | 113 |
| Zink | 109 |
| Chrom | 86 |
| Zinn | 63 |
| Bronze CuZn32 | 58 |
| Stahlguss | 52 |
| Stahl 0,2%C | 50 |
| Gusseisen | 49 |
| Edelstahl | 21 |

*Tabelle 1: Die Wärmeleitfähigkeiten verschiedener Metalle in Watt pro Meter und Kelvin (1 Kelvin entspricht 1 °C). Unter den Metallen für Küchengeschirr hebt sich Kupfer in der Wärmeleitfähigkeit mehr als deutlich ab (alle Werte bei 20 °C gemessen).*

Ein weiterer Vorteil von Kupfer stellt die niedrige spezifische Wärme dar (Smithells 2013). Sie ist von allen Metallen, die für Kochgeschirr eingesetzt werden, sogar am niedrigsten. Aluminium weist eine fast dreifach höhere Wärmekapazität auf, während Edelstahl und Gusseisen eine etwa anderthalbfach höhere spezifische Wärmekapazität aufweisen. Damit reagiert Kupfer sehr rasch auf Wärmeänderungen. Ein Vorteil, der in der Profiküche für das präzise Garen sehr geschätzt wird, denn werden Kupfertöpfe einmal vom Feuer gezogen, stoppt der Kochprozess - nicht so bei anderen Materialien - relativ zügig. Ein Nachgaren in Kupfertöpfen findet kaum statt.

## Kupfer als Mineral- und Spurenelement

Die wichtigsten Eigenschaften von Kupfer zeigen sich auch auf der mikroskopischen, also der molekularen Ebene. Zunächst hat Kupfer in der Zellbiophysik und Zellphysiologie eine ganz besondere Wirkung: Kupfer wirkt – wie viele andere Metalle – als »Cofaktor«, der die katalytische Wirkung von Enzymen erst ermöglicht. Enzyme sind nichts weiter als Proteine, die auf molekularer Ebene als Katalysatoren wirken und somit chemische Reaktionen erst zulassen (siehe z. B. Rehm und Hammar 2013). Wie alle Proteine bestehen auch Enzyme aus 20 Aminosäuren, von denen drei einfach positiv und zwei einfach negativ geladen sind. Als Cofaktoren dienen daher oft »elektrisch geladene Ionen«, die eine höhere Ladung haben als die elektrisch geladenen Aminosäuren. Die Ladung der Mineralstoffe Magnesium und Calcium beträgt immer +2, Eisen und Kupfer hingegen können ihre Ladung von +1 bis +3 variieren. Damit wirken sie auf molekularer Ebene – vereinfacht gesprochen – als elektrische Schalter, die z. B. eine einfach negative Ladung einer Aminosäure (Glutamin- oder Asparaginsäure) für kurze Zeit auf eine einfach positive Ladung »umladen« und somit Prozesse in Gang bringen, die sonst nicht möglich sind. Kupfer hat – wie auch Eisen – den Vorteil, dass es in mehreren »Oxidationsstufen« vorkommt; so kann Kupfer als einfach positiv geladenes Ion $Cu^{+}$, ebenso wie als zweifach geladenes Ion $Cu^{2+}$ und, wenn notwendig, sogar dreifach geladen vorkommen. Kupferionen können also mehrere »Schaltstufen« eingehen und damit trickreich auf physiologische Prozesse, z. B. je nach Veränderung des pH-Wertes, reagieren. Calcium kann das zum Beispiel nicht, denn es ist – wie bereits angesprochen – immer zweifach positiv als $Ca2^{+}$ geladen. Allein das zeigt, warum wir Menschen geringe Mengen an Kupfer (und das ebenso »elektrisch schaltbare« Eisen) für eine gut funktionierende Physiologie benötigen (siehe z. B. Biesalski 2015). Da es an dieser Stelle ums Kochen geht, werden diese Aspekte jedoch hier nicht weiter vertieft.

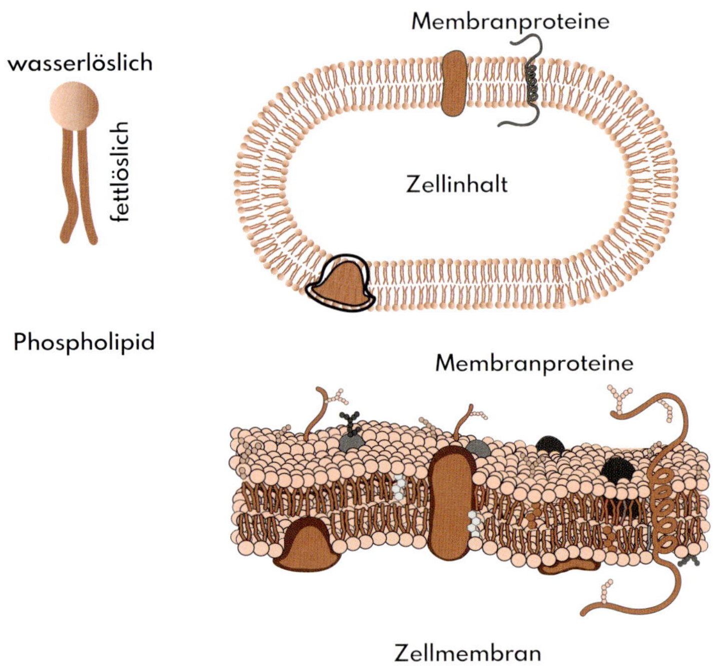


*Abb. 3: Stark vereinfachte Darstellung von Zellen: Die den Zellinhalt einhüllende Zellmembran (Mitte) ist aus Phospholipiden und anderen Emulgatoren aufgebaut (links), die aus einem wasserlöslichen Kopf (beige) und (meist) aus zwei Fettsäuren (braun) bestehen. Rechts ist die Zellmembran zweidimensional dargestellt. Sie kann »Membranproteine« einlagern, die für Funktion und Versorgung der Zelle mitverantwortlich sind.*

## Toxische Wirkung

Kupfer zählt zwar zu den Schwermetallen, zeigt aber im Vergleich zu Blei (das weder Spurenelement ist noch irgendeine biologische Funktion hat) nur eine mäßig toxische Wirkung. So können täglich bis zu 0,1 Milligramm Kupfer pro Kilogramm Körpergewicht aufgenommen werden, ohne dass sich gesundheitliche Schäden zeigen. Überschüssiges Kupfer, das biochemisch nicht benötigt ist, wird rasch wieder über Galle und Darm ausgeschieden. In höheren Dosen zeigt sich allerdings eine toxische Wirkung von Kupfer, weshalb auch heutzutage die meisten Kupfertöpfe innen beschichtet sind; so kommen schließlich die in den Töpfen kochenden Lebensmittel nicht direkt mit dem Kupfer in Berührung und auch in der Garflüssigkeit löst sich kein Kupfer.

Die toxische Wirkung von Kupfer entsteht dabei auf den Zellmembranen, die jede Zelle umgeben. Die Zellmembranen schützen das Zellinnere, denn sie bestehen aus einer Doppelschicht von »Emulgatoren«, hauptsächlich aus sogenannten Phospholipiden. Jedes Phospholipid besteht wiederum aus zwei wasserunlöslichen Fettsäuren und einer wasserlöslichen Kopfgruppe, wie links in *Abbildung 3* dargestellt. Somit gelingt es den Phospholipiden, sich selbst zu organisieren und eine flexible Hülle um den Zellinhalt zu bilden, die zum einen den Zellinhalt schützt, zum anderen Membranproteine einbauen kann, wie in der nachfolgenden Abbildung sehr schematisch dargestellt wird.

*Marmeladentopf mit Erdbeeren*

Im Zellinhalt befindet sich u. a. die Energieversorgung der Zelle (Mitochondrien), aber auch der Zellkern, in dem wiederum die DNA und damit die »Erbanlagen« zu finden sind. Wäre die Zelle nur von den Phospholipiden umgeben, könnten weder Salze noch Spurenelemente oder andere wichtige Versorgungsstoffe in das Innere der Zelle hineingelangen. Daher werden in die Zellmembran sogenannte Membranproteine eingelagert, die Funktion und Versorgung der Zelle mit notwendigen Mineralien, Wasser, Salzen oder Amino- und Fettsäuren sicherstellen. Genau diese Membranproteine können auf überschüssiges, nicht gebundenes und damit ionisches Kupfer mit zweifacher Ladung $Cu^{2+}$ reagieren, und zwar genau dann, wenn Kupferionen auf eine ganz bestimmte Aminosäure bei den Proteinen, das Cystein, trifft. Verbinden sich die Kupferionen mit dieser speziellen Aminosäure Cystein, können sie schließlich chemisch rasch reagieren. Cystein zeichnet sich durch eine Schwefelwasserstoffgruppe (SH-Gruppe) aus. Bei dieser Reaktion entsteht ein freies Radikal, denn es werden Ladungen ausgetauscht, was – einfach ausgedrückt – einer Oxidation entspricht. So entstehen hochreaktive Gruppen, »freie Radikale«, die in die Zellmembran eindringen und auf ungesättigte Fettsäuren treffen. Diese werden dann dort, wo sie ungesättigt sind, aufbrechen (oxidieren) und weitere freie Radikale freisetzen (siehe *Abbildung 4*). Tritt dieser Prozess häufig auf, können große Teile der Membranen oxidieren. Damit entsteht eine ganze Lawine freier Radikale, die in das Zellinnere vordringen und dort Zellschädigungen auslösen können (Penna und Nikalje 2018). Bei dieser hohen Zahl der freien Radikale versagen die vorgesehenen Reparaturmechanismen und der Zelltod erfolgt.

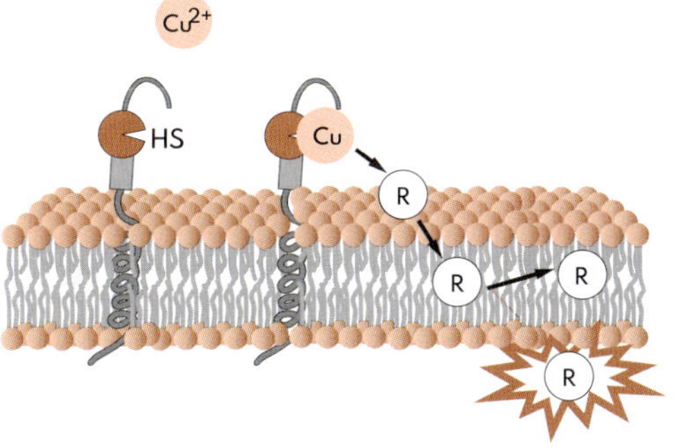


*Abb. 4: Wenn Kupferionen ($Cu^{2+}$) mit schwefligen Aminosäuren (HS-Gruppen) reagieren, kann eine ganze Kaskade von freien Radikalen R entstehen, die vom Zelläußeren ins Zellinnere vordringen können und dadurch Schaden anrichten.*

*Weihnachtskonfitüre*

Um im Folgenden die Reaktionsweise von Kupfer mit bestimmten Lebensmitteln zu verstehen, war eine kurze Darlegung der physikalischen Grundlagen erforderlich – denn schließlich spielen die molekularen Eigenschaften der Kupferionen beim Kochen in mehrerer Hinsicht eine Rolle.

**Konfitüren & Co. mit Cu**

Konfitüren, Marmeladen oder auch manche Chutneys wurden traditionell in Kupferkesseln gekocht. Die Resultate waren bestechend. Heute ist dieser Brauch weitgehend ad acta gelegt, dafür wird – nach dem Aufkeimen der Zuckerphobie und dem Wunsch, den Zuckerkonsum auch in Konfitüren einzuschränken – mit Gelierzuckern gearbeitet: Gelierzucker ist nichts Weiteres als normaler Haushaltszucker, dem das Binde- und Geliermittel Pektin zugefügt ist; dadurch, so die Versprechen, ließe sich Zucker reduzieren, die Kochzeit verkürzen und trotzdem bliebe der volle Fruchtgeschmack erhalten. Das ist aus vielerlei Hinsicht Unfug, zumal die Gelierzuckerresultate wenig mit einer herkömmlichen Konfitüre zu tun haben. Das Original nach alter Mütter Sitte wird nie erreicht, weder bei der Aromabildung noch auf der Geschmacksebene und erst recht nicht bei der Textur; dafür gibt es handfeste, gute physikalisch-chemische Gründe (Vilgis 2010). Selbst die Annahme, Gelierzucker würde die Konfitüre länger haltbar machen, ist aus handfesten physikalisch-chemischen Gründen nicht haltbar: Das Pektin weist keinesfalls die hohe Wasserbindung auf, wie der eingesparte Zucker, der schließlich eine weit stärkere Konservierung mit sich bringt (Vilgis 2017).

*Eignen sich gut zum Einkochen im Marmeladentopf: Heidelbeeren*

Die traditionelle Methode Konfitüren herzustellen, ist relativ einfach und in dem Grundlagenwerk von Christine Ferber (1997) auf ewig festgehalten. Die Früchte - es ist zunächst egal, ob sie laut Tabellen »viel oder wenig Pektin« aufweisen - werden je nach Frucht im Verhältnis 1 : 0,8 (Früchte : Kristallzucker) und mit dem Saft einer Zitrone gemischt und über Nacht in einem Kochtopf (nicht aus Kupfer) an einem kühlen Ort stehen gelassen. Der Zucker »zieht« Wasser, d. h. aufgrund seiner osmotischen Wirkung platzen die Zellen der Früchte und der darin enthaltene Fruchtsaft tritt nach außen. Am anderen Tag wird die vorbereitete Mischung in diesem Topf aufgekocht, gegebenenfalls abgeschäumt und wieder über Nacht an einem kühlen Ort stehen gelassen. Am dritten Tag wird sie in einem Kupferkessel so lange unter ständigem Rühren gekocht, bis die Temperatur des Sirups 105 °C erreicht. Dann erfolgt die Gelierprobe: Ein Tropfen der werdenden Konfitüre wird auf einen kalten Teller gegeben, dieser schräg gehalten, wobei aus der sich unter Abkühlung verlangsamenden Geschwindigkeit beim Zerlaufen der Fruchtpräparation auf die finale Konsistenz geschlossen werden kann. Wird der Geliertest bestanden, kann die Konfitüre in sterile Gläser gefüllt werden, ist sie zu flüssig, kann weiter eingekocht oder gegebenenfalls mit etwas Apfelpektin (in Pulverform) nachgeholfen werden; Ferber nimmt in ihren Rezepten dann meist Apfelgelee. Auch wenn sich diese Methode nach jeder Menge Arbeit anhört, ist die Prozedur in der Realität viel einfacher. Die vorbereitenden Schritte kosten nur wenig Zeit, dafür ist die kulinarische Belohnung für die Dreitagemethode umso höher.

Diese Vorschriften basieren auf einer ganzen Reihe biophysikalischer Fakten, die seit Jahrhunderten guten Geschmack, beste Aromen und lange Konservierungszeiten garantieren. Auch die Textur - sie liegt »zwischen flüssig und fest« - verspricht ein perfektes Mundgefühl. Ganz ohne Gelierzucker, denn das dort enthaltene Pektin haben die meisten Früchte sowieso ausreichend im Gepäck (man muss es nur herauslocken) und schon bekommt das obige Vorgehen seinen physikalisch-chemischen Sinn; inklusive der Verwendung der unbeschichteten Kupfertöpfe für das finale Einkochen.

Das Pektin - es ist in allen Pflanzen enthalten - versteckt sich auf trickreiche Weise in den Pflanzenzellwänden, wie es schematisch in *Abbildung 5* dargestellt ist.

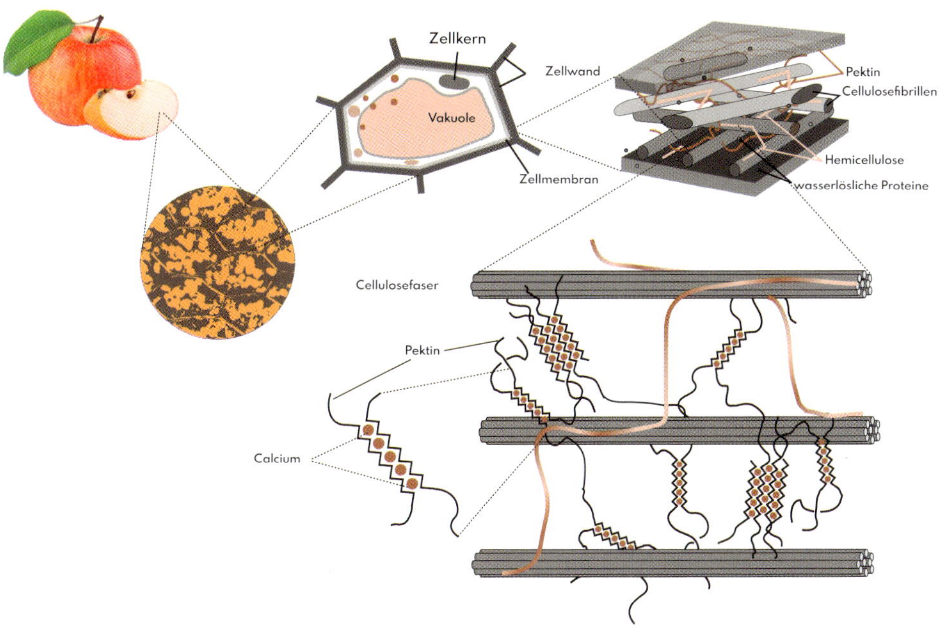


*Abb. 5: In den Zellen (linker Kreis) des Obstes befinden sich neben dem Zellkern die Fruchtsäfte samt Aromen und Geschmacksstoffen in den Vakuolen, den Hohlräumen (Mitte oben). Die Zellen werden durch die Membran und harte Zellwände geschützt (rechts oben). Die Zellwände bestehen aus harten Cellulosefasern (den Ballaststoffen), die durch Pektin und Hemicellulosen verbunden sind (rechts unten). Pektine sind paarweise mit Calcium verbunden (braune Kreise, rechts unten und unten Mitte).*

*Geschirr zum Einkochen von Rhabarberkonfitüre im Kupfertopf*

Die Zellwände der prall mit Fruchtsäften, Geschmacksstoffen und Aromen gefüllten Zellen werden durch Zellulosefasern, Hemicellulosen und Pektin zusammengehalten. Dabei spielt das Pektin eine besondere Rolle: Pektinmoleküle sind lange unverdauliche Kohlenhydratmoleküle, sogenannte Biopolymere, die an manchen Stellen elektrisch negativ geladen sind, und zwar genau dort, wo sie in *Abbildung 5* gezackt dargestellt sind. Genau diese Bereiche sind einfach negativ geladen und dienen somit als perfekte Andockstellen für die zweifach positiv geladenen Calciumionen ($Ca2+$). Der Mineralstoff Calcium bindet somit zwei oder mehrere Pektinketten zusammen. Zwei Pektinketten werden damit an Stellen mit je einer negativen Ladung über ein Calciumion mit zweifacher Ladung fest verbunden. Die Ladungen sind ausgeglichen, diese Bindung hält für das ganze Leben der Zelle. Der biologische Grund ist einfach: Dadurch wird der Zellwandverbund mit den Cellulosefasern zusätzlich versteift, deren Widerstandsfähigkeit gegenüber Wind, Wetter und Fressfeinden ist weitgehend sichergestellt.

Schließlich müssen die Calciumionen aber bereits während des Aufbaus der Zelle und während des Wachstums der Früchte eingebunden werden. Dies geschieht über Enzyme, sogenannte Pektinmethylesterasen, die manche Bausteine des Pektins schon beim Zellwachstum (im endoplasmatischen Retikulum) so verändern, das Calciumionen sukzessive »einrasten« können (Micheli 2001). Damit sitzt der Mineralstoff Calcium zwischen den Pektinmolekülen so lange fest, bis Zucker, Säure und Temperatur an die Früchte kommen, um daraus Konfitüre herzustellen.

Zucker lässt die Zellen platzen, die Zellwände werden über den osmotischen Druck nach und nach gesprengt, Fruchtsäuren werden frei und der schon zu Beginn zugegebene Zitronensaft lässt den pH-Wert sinken. Genau das passiert in der ersten Nacht, während Zucker und Zitronensaft auf die Früchte einwirken. Anderntags wird die Mischung aufgekocht, was nicht unbedingt in Kupfer erfolgen muss. Dabei steigt die Temperatur auf 100 °C, die Pektinmoleküle bewegen sich so stark, dass die Wärmeenergie an den Calciumstellen rüttelt. Schon wird das Calcium aus seinem Gefängnis frei und schwimmt frei im Zuckersirup umher; der Preis hierfür aber ist, dass die Pektinketten nun wieder elektrisch negativ geladen sind und sich abstoßen! An ein Gelieren ist damit in diesem Stadium gar nicht zu denken, denn dafür müssten die Pektinmoleküle wieder besser zusammenkommen können, um ein molekulares Netz zu bilden, damit die Konfitüre fest wird. Dies geht nur, wenn die elektrischen Abstoßungskräfte kleiner werden und die Konfitüre dickflüssiger wird.

Aber springt das Calcium nicht wieder sofort in die negativ geladenen Stellen des Pektins, wo es vorher einmal saß, wäre die natürliche Frage. »Nein« bzw. »nur zum Teil« ist die simple Antwort. Die Gründe dafür sind tief in der Physik verborgen:

1. Ursprünglich schufen Enzyme, jene Pektinmethylesterasen, im endoplasmatischen Retikulum der Zelle unter Calciumanwesenheit erst die entsprechenden Andockstellen im Pektin. Das heißt das Calciumion war bereits an Ort und Stelle und konnte einfach einrasten und dem Pektin in der Nachbarschaft die Bindungsstelle zur Verfügung stellen. Jetzt, nach dem ersten Aufkochen, diffundieren sie frei in der werdenden Konfitüre. Die Pektinmethylesterasen sind in den »fertigen Früchten« vollkommen wirkungslos und nach dem ersten Aufkochen ohnehin denaturiert.

| Protein | Denaturierungs-temperatur | Eigenschaften |
|---|---|---|
| Ovoglobulin | 70–75 °C (+mechanisch) | denaturiert beim Schlagen, guter Schaumbildner |
| Ovalbumin | 72 °C | denaturiert thermisch und stabilisiert Schäume |
| S-Ovalbumin | 83 °C | denaturiert bei höheren Temperaturen |
| Ovotransferrin | 62 °C | bindet Metallionen wie Eisen und Kupfer ein |
| Ovomucoid | - | hitzestabil |
| Lysozym | 78 °C | antibakteriell |
| Ovomucin | - | hitzestabil, bildet fibrilläre Strukturen |

*Tabelle 2: Verschiedene Proteine im Eiklar mit ihren »Kochtemperaturen« (Denaturierungstemperaturen) und den wichtigsten küchenrelevanten Eigenschaften.*

*Abfüllen der fertigen Konfitüre in Einmachgläser*

2. Genau das ist das Problem, denn die freie Diffusion definiert eine riesige Entropie, die beim Andocken an eine negative Ladung so stark eingeschränkt wäre. Dieses Andocken wird daher sehr unwahrscheinlich, und nur wenige Calciumionen bleiben an der negativen Ladung des Pektins hängen.

3. Die negative Ladung des Pektins ist nach dem Zuckern und Aufkochen gar nicht mehr so negativ, denn die Säure, die zuvor in den Vakuolen der Zellen eingesperrt war, ist jetzt frei. Gleichzeitig senkt auch der Zitronensaft den pH-Wert weiter ab. Daraufhin wird die Gesamtladung jeder Pektinkette weniger stark negativ und lässt die Bindewilligkeit des Calciums an das Pektin weiter sinken. Viele der freien Calciumionen »denken überhaupt nicht daran«, ihre gerade durch das erste Aufkochen gewonnene Freiheit (Entropie) zurückzugeben und sich wieder in das Pektingefängnis zu begeben. Der Energiegewinn wäre - verglichen mit der entropischen Freiheit - viel zu gering. Das ginge nur, wenn dem Calcium viel »frisches« und damit externes Pektin angeboten wird, wie es z. B. in Gelierzucker vorhanden ist.

Verzichtet man auf den Gelierzucker, muss die Konfitüre (oder der entstandene Sirup) am dritten Tag bis 105 °C gekocht werden, und zwar am besten in einem breiten Kupfertopf, sodass Wasser auf »breiter Front« verdampfen kann. Dann sind Gelierung und damit die gute Textur gewährleistet. (Vilgis 2005, Diligent 2010). Auch dies geht in mehreren Schritten vonstatten.

Zu Beginn, nach dem ersten Aufkochen am Vortag, ist der Wassergehalt viel zu hoch. Zwar ist der Sirup schon leicht dickflüssig, aber sowohl die Wassermoleküle als auch die darin gelösten Stoffe bewegen sich noch viel zu schnell - erst recht die kleinen, flinken positiv geladenen Calciumionen, ebenfalls die Pektinketten -, sodass die Calciumionen keine Chance haben, sich an den Restladungen des Pektins festzuklammern. Die Pektinketten, die in der hohen Säure und den niedrigen pH-Werten nicht mehr ganz so stark negativ geladen sind, werden zu rasch aneinander vorbeigleiten. Also muss Wasser unter hoher Hitze verdampfen und zwar so viel, dass alle Molekülbestandteile gezwungen werden, enger zusammenzurücken.

Aber warum ist schon hier ein breiter Kupfertopf, wie es die klassischen Konfitürentöpfe sind, von Vorteil? Der Grund ist die hohe Wärmeleitung. Die Hitze wird rasch zum Topfinhalt geleitet, die Temperatur steigt rasch und das Wasser beginnt zügig zu verdampfen. Gleichzeitig reagiert Kupfer unmittelbar auf Temperaturänderungen, sodass die Temperatur des Topfbodens genauer reguliert werden kann. Was der Konfitüre nämlich aromatisch schadet, sind Karamellaromen, die bei zu heißem Topfboden unverzüglich entstehen. Zucker, egal ob Haushaltszucker, Glucose, Fructose oder andere Zucker aus den Früchten, karamellisieren unter starker Hitze. Sie bilden dabei Aromen, die in Konfitüren nicht unbedingt erwünscht sind, da sie den Fruchteindruck verfälschen. Ständiges Rühren ist daher unerlässlich. Die Karamellisierung lässt sich im Kupfertopf während des Wasserverdampfens beim Einkochen auf die magischen 105 °C schließlich leichter vermeiden: Einmal vom Feuer gezogen, stoppt die Hitzezufuhr sofort, der Topfboden »heizt« anders als dicke Stahlböden nicht nach, das Konfitürenaroma bleibt kontrollierbar.

*Abb. 6: Wird Konfitüre z. B. im Stahltopf gekocht, stehen nur die Calciumionen als Gelierhilfe zur Verfügung und es bildet sich nur ein schwaches Gel (links). Die etwas kleineren Kupferionen helfen beim Gelieren mit, das Gel wird deutlich stärker, die Pektinketten werden engmaschiger zusammengezurrt (rechts).*

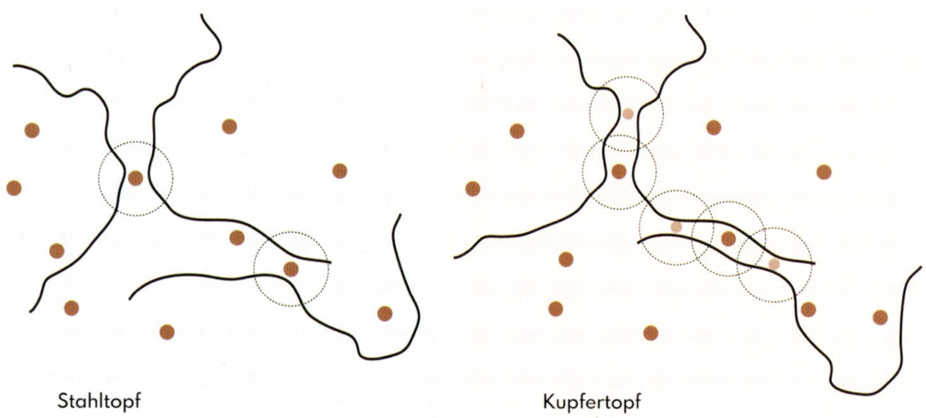

Bei der Textur und der Gelierung kommt das Kupfer ins Spiel, denn der Kupfertopf hilft dabei kräftig mit. Aus dessen Oberfläche lösen sich wenige Kupferionen, die als Gelierhilfe bereitstehen. Die Kupferionen sind, wie die Calciumionen aus den Früchten, zweifach positiv geladen. Aber Kupferionen sind hinsichtlich des Durchmessers deutlich kleiner und gleichzeitig schwerer als Calciumionen. Sie diffundieren insgesamt zwar schneller als die Calciumionen, können sich aber leichter zwischen die negativen Restladungen des Pektins zwingen, und somit die Gelierung verstärken, wie schematisch in *Abbildung 6* dargestellt.

Wie stark solche Kupferbindungen im Vergleich zu Calciumionen (und anderen Metallionen) sein können, lässt sich systematisch in wissenschaftlichen Untersuchungen nachweisen (Schlemmer 1989). So lässt sich die hier heuristisch dargestellte Erklärung beweisen: Kupferionen binden um einen Faktor 10 bis 20 stärker als Calciumionen, d. h. dass die wenigen, in physiologisch völlig unbedenklichen Konzentrationen aus dem Topf gelösten Kupferionen tatsächlich einen riesigen Effekt haben. Unter diesen wissenschaftlichen Bedingungen geführte Experimente zeigen auch, dass die Bindung der Kupferionen in den konfitürerelevanten pH-Werten (zwischen 2,6 und 3,2) beachtlich hoch ist – das Maximum der Bindekraft liegt schließlich bei pH-Werten zwischen 4 und 5.

## Eischnee und Kupfer

Es ist unbestritten und vielfach in zig weltweit wiederholten Experimenten bewiesen: Wird Eiklar in einer Schlagschüssel aus Kupfer geschlagen, dauert es zwar etwas länger, bis ein Schaum entsteht, aber dieser ist weit stabiler und es dauert länger, bis er nach und nach zusammenfällt (McGee et al. 1984, McGee 2007). Dies äußert sich sowohl in seiner Festigkeit als auch in seiner Standzeit, ganz im Gegensatz zu Eischnee, der in Plastik-, Glas- oder Metallschüsseln geschlagen wird. Wird Eiklar in einer Kupferschüssel geschlagen, zeigt sich kein »Überschlagen«, keine Krümeligkeit oder Verklumpen des Eischnees. Dass dies keine Kochbuchfantasien sind, lässt sich in einer Vielzahl von wissenschaftlichen Experimenten zeigen. Man hat sich in einer Untersuchung zum Beispiel gefragt, ob sich Kupferionen im Vergleich zu anderen Metallionen besser oder schlechter eignen, und hat dem Eiklar vor dem Schlagen (in einer Glasschüssel) Eisen-, Aluminium- oder Zinkionen dazugegeben (Cotterill et al. 1992). So ließ sich systematisch zeigen, dass sich die Wirkung von Kupfer außergewöhnlich von anderen Metallen abhebt, egal ob es sich um das Volumen des aufgeschlagenen Schnees, dessen Festigkeit, dessen Stabilität und sogar dessen Backeigenschaften handelt. Kupfer scheint es »in sich« zu haben.

*Schlagen von Eiklar in der Kupferschüssel*

Aber warum? Dies kann nur wieder die Folge von gezielten Einwirkungen sein, die Kupferionen, siehe Pektin, auf Moleküle haben. Eiklar selbst besteht im Mittel nur aus 89 % Wasser und 11 % Protein. Also muss genauer auf das Protein, besser auf die im Eiklar enthaltenen Proteintypen, geschaut werden. In Tabelle 2 sind die wichtigsten Eiklarproteine mit ihren grundlegenden Eigenschaften zusammengefasst.

In vielen populären Werken (Autorenteam 2016) findet man stets nur die Erklärung, die bereits von McGee et al. (1984) spekuliert wurde: Die Kupferionen würden sich mit einem metallbindenden Protein, dem Ovotransferrin (auch Conalbumin genannt) verbinden. Dadurch würde ein Proteinkomplex entstehen, der schwerer zu denaturieren sei. Die Folge wäre eine höhere Stabilität der Eiklarschäume. So richtig einleuchtend ist das nicht, denn auf die Beschreibung

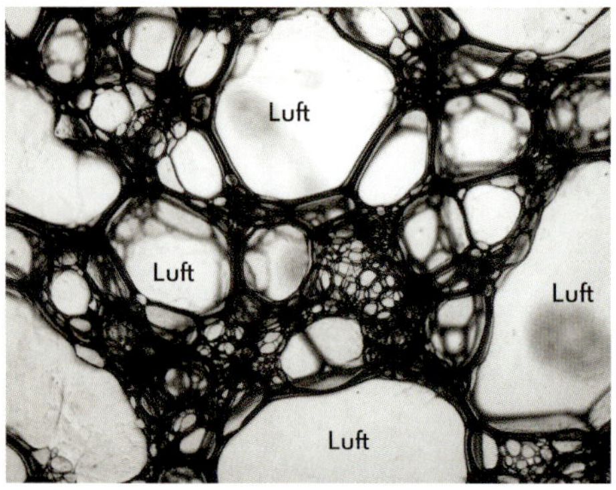


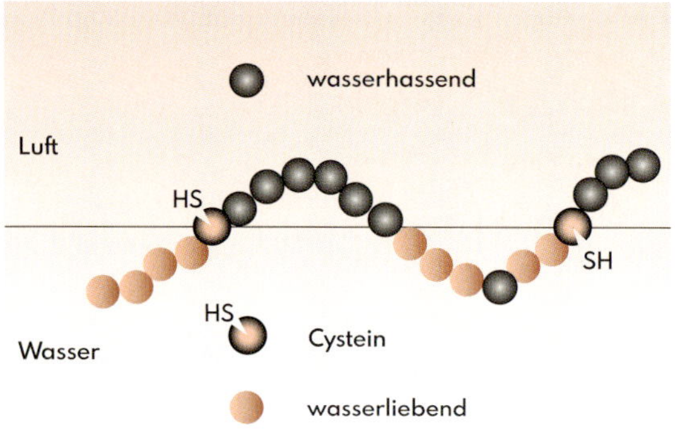


*Abb. 7: Links: Eischnee unter dem Mikroskop (zehnfache Vergrößerung). Rechts: An der Grenzfläche können sich manche Proteine anlagern, denn sie bestehen aus wasserliebenden (braun) und wasserhassenden (grau-schwarz) Abschnitten entlang ihrer Kettenstruktur. Cystein mit der Schwefelwasserstoffgruppe (HS) ist gesondert dargestellt (Mikroskopieaufnahme: MPI für Polymerforschung).*

des molekularen Prozesses verzichten bisher alle Autoren, die diesem Ansatz nachgegangen sind.

Tatsächlich scheinen die Prozesse viel komplizierter zu sein, und es sind weit mehr Proteine als Ovotransferrin an der Schaumstabilität beteiligt, als bislang gedacht (Sagis et al. 2001, Vega und Sanghvi 2012, Shimofuji et al. 2013). Mit den bisherigen Ansätzen sind aber die Grundsteine für ein tieferes Verständnis gelegt, denn wie auch bei der antibakteriellen Wirkung, wenn Proteine auf Kupfer treffen, spielt die Aminosäure Cystein eine ganz besondere Rolle.

Zunächst müssen aber die Mechanismen für die Schaumbildung verstanden werden. Schäume bestehen in den einfachsten Fällen aus Luftbläschen, die mit Wasser umgeben sind. Man kann sogar, wenn man heftig mit einem Schneebesen schlägt, Wasser aufschäumen, aber dieser Schaum fällt rascher wieder zusammen, wie man schauen kann. Damit der Schaum stabil bleibt, muss die Grenzfläche, die sich zwischen der Luft und dem Wasser bildet, stabil gehalten werden. Emulgatoren sind Moleküle, die sich an solchen Grenzflächen zwischen Wasser und Luft wohlfühlen, sich dort platzieren und die Grenzflächenspannung so weit herabsetzen, etwa wie Seife und andere »Tenside« im Badeschaum. Im Eiklar kommen natürlich keine Seifen vor, sondern lediglich Proteine. Also müssen diese grenzflächenaktiv sein, wie es etwa in *Abbildung* 7 angedeutet ist.

*Prefektes Ergebnis: Eischnee von fester und stabiler Konsistenz*

Alle Proteine sind aus Aminosäuren aufgebaut, die in ganz bestimmter Abfolge an einer Kette aufgereiht sein müssen, damit sich Proteine in bestimmte Formen »falten« können, zum Beispiel in kugelige, globuläre Formen, um so die ihnen zugewiesenen biologischen Aufgaben wahrzunehmen. Es gibt 20 »proteinogene« Aminosäuren, also solche, die in Proteinen eingebaut werden. Sie unterscheiden sich in vielen Details, aber der wichtigste, grundlegende Unterschied reicht für das Verständnis von Schäumen: Manche der Aminosäuren lösen sich in Wasser gar nicht, sie sind wasserhassend, also hydrophob, die anderen hingegen lösen sich in Wasser, sie sind wasserliebend bzw. hydrophil. Dann gibt es noch eine spezielle Aminosäure, die sich gerade recht und schlecht in Wasser löst, das bereits bekannte Cystein, das eine Schwefelwasserstoffgruppe trägt und (siehe oben) auch mit Kupfer reagieren kann.

Nun ist der Hauptbestandteil des Eiklars Wasser, in dem die globulären Proteine gelöst sind, also darin herumschwimmen. Folglich müssen die meisten wasserhassenden Aminosäuren ins Innere des kugelförmigen Globuls verpackt werden, damit diese erst gar nicht mit Wasser in Berührung kommen. Derartige Ungünstigkeiten ließen Physik und Biologie erst gar nicht zu. Damit Eiklarproteine »grenzflächenaktiv« werden können (siehe *Abbildung* 7), müssen sie erst aus der Kugelform gebracht werden. Dann können sich hydrophile und hydrophobe Kettenabschnitte an der Grenzfläche mit der hydrophoben Luft verteilen. Derartige Entfaltungen passieren beim Kochen unter Temperatur, aber bei manchen Proteinen, so wie im Eiklar, schon durch das Schlagen mit Schneebesen oder Handrührern (siehe z. B. Vilgis 2010). Beim Eiklar sind es vorwiegend die Ovoglobuline, davon gibt es drei verschiedene Formen (Kinoshita et al. 2016), sowie Ovotransferrin, die unter Schlagen außer Form geraten und somit zur Schaumbildung beitragen (Sikorski 2006).

Unter Berücksichtigung der molekularen Aspekte zeigt sich beim Ovotransferrin ein wichtiger Effekt von Kupfer, denn das Protein kann an ganz bestimmten Stellen die wenigen Kupferionen binden, die sich während des Schlagens aus dem Kupfergeschirr lösen. Die Bindungsstellen für die Kupferionen haben in diesem Protein nichts mit dem Cystein zu tun, da diese im Ovotransferrin in nativem Zustand bereits verbunden sind, sondern sie binden an andere Aminosäuren, und zwar an verschiedenen Stellen des Proteins. Wenn sich Kupferionen an diesen Stellen anlagern, erzeugt dies beim Ovotransferrin beim (langsameren) Entfalten unter Schlagen zusätzliche Stellen, die als Brücke zwischen hydrophob und hydrophil dienen können, wie in *Abbildung 8* angedeutet.

Nun ist klar, was bezüglich des Ovotransferrins passiert: Zu Beginn des Schlagens lösen sich Kupferionen aus der Oberfläche der Schlagschüssel, lagern sich an den Metallbindungsstellen an. Ovotransferrin benötigt daher länger zum partiellen Entfalten, weshalb länger geschlagen werden muss. Sind Ovotransferrine aber dann entfaltet, zeigen sie mehr zugängliche hydrophile Stellen als Andockstellen für die Kupferionen. Da diese zweifach geladen sind, haben sie eine besonders starke Affinität zum polaren Wasser, d. h. Ovotransferrin in Kupfer weist ein höheres Potenzial an hydrophilen Stellen auf. Die Schäume werden dabei stabiler. Dies erklärt aber noch nicht die längere Standzeit, die geringere Neigung zur Austrocknung und die hohe Verfestigung und Standzeit des im Kupfertopf geschlagenen Eischnees.

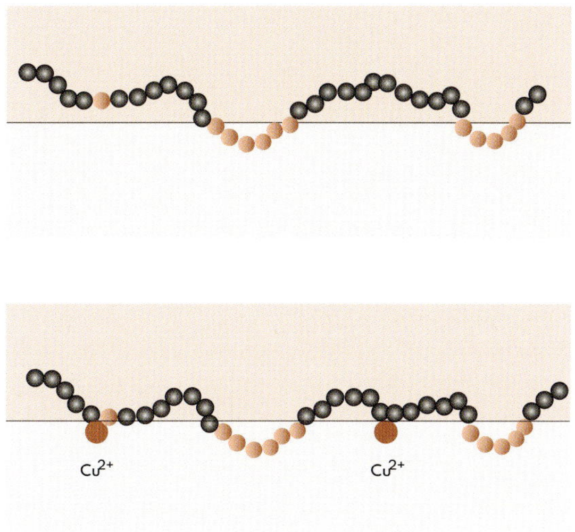


*Abb. 8: Stark vereinfachte Darstellung des Effekts von Kupferionen, die an Metallbindungsstellen des Proteins anlagern.*
*Oben: Ohne Kupfer lokalisiert das Protein nur an den hydrophilen Proteinabschnitten. Unten: Die Kupferionen (dunkelbraun) ziehen aufgrund ihrer Ladung auch hydrophobe Stellen in die Nähe der Grenzfläche. Das Protein wird dadurch stärker an die Grenzfläche angebunden. Der Eischnee wird stabiler.*
*(Für eine detaillierte Struktur des Ovotransferrins und dessen Metallbindungsstellen siehe www.uniprot.org, P02789)*

Der Schlüssel zum grundlegenden Verständnis dafür kommt aus einer ganz anderen Richtung, der »Metallomics« und der Katalyse, also weit abseits der üblichen Kochliteratur und den einschlägigen Publikationen der Lebensmittelwissenschaften. Mit diesen biochemischen Methoden lassen sich die Wirkungen des Kupfers auf das Cystein auf Proteine und Peptide sehr genau und detailliert untersuchen. Dann zeigt sich, wie neben Ovotransferrin noch die Ovoglobuline und sogar das Ovalbumin bei der Schaumverfestigung beim Schlagen eine maßgebliche Rolle spielen.

Doch ist zunächst ein kleiner Ausflug zur Rolle des Cysteins in Proteinen notwendig. Dieser Aminosäure kommt bei vielen Kochprozessen, z. B. auch beim Herstellen von Baisers aus gezuckerten Eischäumen eine ganz besondere Bedeutung zu. Cystein sorgt in vielen Fällen dafür, dass Proteine beim Erhitzen fest miteinander verbunden werden und ein festes molekulares Netz bilden. Der Grund dafür ist wiederum die Schwefelwasserstoffgruppe, denn bei etwa 72 °C werden die Wasserstoffe des Cysteins abgespalten. Dabei wird beim Schwefelatom eine Bindungsstelle frei, die wie ein ausgetrecktes Ärmchen auf einen Schwefel mit einem ebenfalls ausgestreckten Ärmchen wartet und sich damit verbinden kann. Da aber Cystein in vielen Proteinen relativ häufig vorkommt, ist die Wahrscheinlichkeit, dass sich zwei Cysteine von unterschiedlichen Proteinketten leicht finden, sehr hoch. Sie reagieren chemisch zu einer »Disulfidbrücke« und sind dann fest miteinander verbunden, wie in *Abbildung 9* dargestellt. Dieser Vorgang passiert an vielen Stellen des Eiklars, es geliert, die Meringue wird im Ofen bei 80–90 °C zügig fest. Oder das Brot beim Backen.

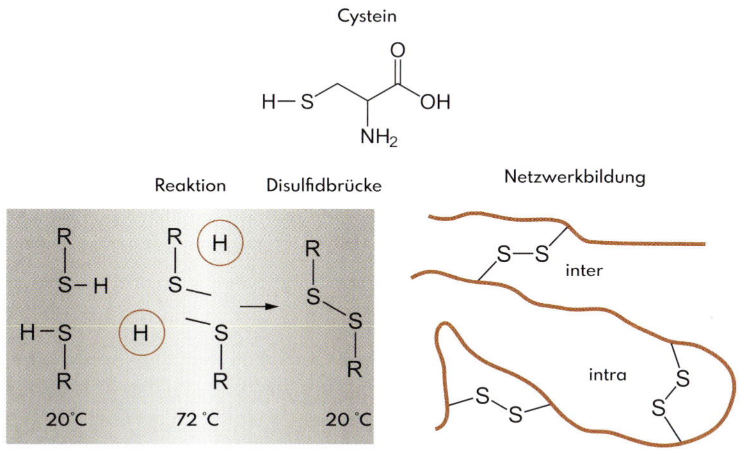


*Abb. 9: Cystein, Temperatur und die Folgen.*
*Oben: die Aminosäure Cystein.*
*Links unten: bei Temperaturen um 72 °C spalten sich die Wasserstoffe ab (reagieren mit Sauerstoff zu Wasser), während die zwei Schwefel zu einer »Disulfidbrücke« reagieren. Unten rechts: Disulfidbrücken »vernetzen« Proteinketten zu einem permanenten Netzwerk.*

Ist Kupfer vorhanden, passiert genau diese Vernetzungsreaktion bereits bei Zimmertemperatur (Prudent und Girault 2009), denn Kupfer wirkt »katalytisch« und begünstigt diese chemisch permanente Verknüpfung von Eiklarproteinen, auch wenn es in der Schlagschüssel im Vergleich zum Backofen relativ »kühl« ist. Dabei verbinden sich die Kupferionen, ganz ähnlich wie in *Abbildung 4* dargestellt, mit den Cysteinen und lassen dabei deren Wasserstoffatome »abspringen«, während das Kupfer dann wieder verschwindet. Genau dann strecken die Schwefelatome an den Cysteinstellen der Proteine ihre »reaktiven Ärmchen« aus, und

*Abb. 10: Ein einfaches Modell zur kupferinduzierten Netzwerkbildung. Grenzflächenaktive, denaturierte Proteine werden mit ebenfalls denaturierten Proteinen in den Wasserstegen vernetzt.*

sobald ein zweites Cystein mit freiem Ärmchen in die Nähe kommt, verbinden sich beide permanent. Ganz ähnlich wie bei hohen Temperaturen, nur eben hier bereits beim Schlagen des Eiklars in der Kupferschlagschüssel. In dieser wissenschaftlichen Arbeit von Prudent und Girault (2009) wird darüber hinaus mit spektroskopischen Methoden noch nachgewiesen, dass Verbindungen zwischen verschiedenen Ketten wahrscheinlicher sind als Schwefelbrücken innerhalb einer Kette, was physikalisch bei Proteinen auch einleuchtend ist. Im Sinne von *Abbildung 9* bedeutet dies, es werden mehr Intrakettenverknüpfungen ausgebildet, was der Netzwerkstabilisierung sehr entgegenkommt.

Somit ist die Wirkung des Kupfers mindestens zweifach (siehe *Abbildung 10*): Zum einen wird die Grenzflächenaktivität des Ovotransferrins erhöht – ein Effekt der die einzelnen Luftbläschen stabilisiert. Zum anderen werden Ovotransferrin und andere Proteine, wie Ovoglobuline und sogar Ovalbumine permanent vernetzt. Die vernetzten Proteine sind nicht mehr frei beweglich und bilden ein schwaches Netzwerk um die vielen Schaumbläschen. Das Wasser wird deutlich besser in diesem Netz gehalten und die Schäume sind deutlich fester und stabiler.

Nur zur Vollständigkeit sei erwähnt, dass diese Prozesse nicht nur für Eischnee gelten. In allen schaumigen Emulsionen, wie in Milchschäumen, Zabaglione, Hollandaise und deren Ableitungen, gelten die gleichen Prinzipien. Immer, wenn emulgierende Proteine mit reichlich Cystein im Spiel sind, dient die Nutzung von Kupfergeschirr der Sache.

*Cappuccino-Milchschaum*

## Kupfer und Milchschaum

Aus den detaillierten Betrachtungen zum Eischnee ergeben sich ganz neue Aspekte für die Zubereitung von Milchschäumen. Stabile Milchschäume sind begehrte Objekte auf den »Noisettes« genannten Espressi mit Milchhaube, sie gehören aber auch zwingend auf jeden Cappuccino, sind Teil manch cremiger Cocktails an der Bar und machen auch bei Desserts - leichtgewichtig und luftig - eine gute Figur. Milch enthält mehrere Proteinfraktionen, die sich grundsätzlich in zwei Klassen einteilen lassen: Molkenproteine und Caseine (Töpel 2015). Dabei verbirgt sich im Wort »Caseine« schon assoziativ der Begriff »Käse«; diese Käseproteine sind in dichte komplizierte Gebilde, sogenannte Mizellen, verpackt und bleiben selbst beim Erhitzen bis Temperaturen über 140 °C stabil. Molkenproteine hingegen befinden sich als globulär gefaltete Proteine in der Molke der Milch, ganz ähnlich den Proteinen im Eiklar. Da sie sich in der wässrigen Phase lösen, immerhin besteht Milch aus 87 % Wasser, müssen Molkenproteine so gefaltet sein, dass sich ihre wasserlöslichen Aminosäuren vorwiegend an der Oberfläche dieser nanometergroßen Proteinkügelchen befinden. Wird Milch über Aufschäumer mit Luftbläschen versetzt, wirken ausreichend hohe Kräfte, sodass sich einige Molkenproteine auffalten können und aus ihrer Form geraten. Dabei gelangen die hydrophoben Aminosäuren aus dem Zentrum der Proteinkügelchen heraus und lagern sich zügig an den Grenzflächen zwischen Milch und Luft an: Der Schaum wird stabil. Es ergibt sich somit ein ähnliches physikalisches Bild, wie es bereits *Abbildung 7* zeigt: die weitgehend entfalteten Molkenproteine »schlängeln« sich um die Grenzflächen. Die Stabilität von Milchschäumen aus frischer Milch wird demnach vorwiegend über Molkenproteine erreicht. Die wichtigsten davon sind $\beta$-Lactoglobulin, $\alpha$-Lactalbumin, Serumalbumin und ein ähnliches, das beim Eiklar bereits eine Rolle spielte, Lactoferrin, das ebenfalls wie das Ovotransferrin Metallionen binden kann.

Auch die Molkenproteine enthalten nennenswerte Anteile der Aminosäure Cystein, die Schwefelbrücken bildet, wie in *Abbildung 9* dargestellt ist. Dies weiß man übrigens aus der Küche, denn die beim Kochen von Milch entstehende Haut besteht aus Molkenproteinen, die über Cysteindoppelbindungen, »Schwefelbrücken«, zu einem weichen Netzwerk bzw. einer Art Gel verbunden sind. Dabei lässt sich auch im Labor zeigen, wie Milchproteine unter Erhitzen stabile Gele bilden (Lavoisier et al. 2019) und wie frische Milch feste puddingartige Emulsionen über vernetzte Molkenproteine hervorbringen kann (Braun et al. 2019). So gibt es gute physikalische Gründe dafür, dass ein Aufschäumen von Milch in speziellen Kupferkännchen und mit Rührwerkzeugen aus Kupfer auch zu verbesserten Resultaten, sprich stabileren Milchschäumen, führen kann.

*Geschmolzene Schokolade im Kupfertopf*

## Kupfer und Flavour

Die katalytischen Eigenschaften des Kupfers auf Schwefelverbindungen haben auch deutliche Effekte auf den Geschmack. Gerade Eierspeisen, die hinterher gebraten, gebacken oder gekocht werden, schmecken deutlich weniger »schweflig«, wenn sie in Kupfergeschirr vorbereitet wurden. Die Erklärung ist sehr einfach: Wie auf die schwefelhaltige funktionelle Aminosäure Cystein wirken Kupferionen auch auf andere schwefelhaltige Stoffe. Darunter fallen Aminosäuren wie Methionin, aus denen beim Kochen schweflige Geruchsstoffe wie Methional oder auch andere schwefelhaltige Aromastoffe entstehen (Vierich und Vilgis 2013, Vierich und

Vilgis 2017). Meringuen, Baisers und Biskuits haben deshalb weniger »Eigeschmack«, wenn sie in Kupfergeschirr vorbereitet wurden. Auch die Zubereitung von Kohlgemüse in unbeschichteten Kupfertöpfen könnte sensorische Vorteile bringen, wenn typische Kohlaromen, die beim Kochen entstehen, durch die Zubereitung in Kupfer eingedämmt werden bzw. in dieser Form erst gar nicht entstehen.

## Kupfer und Farbe

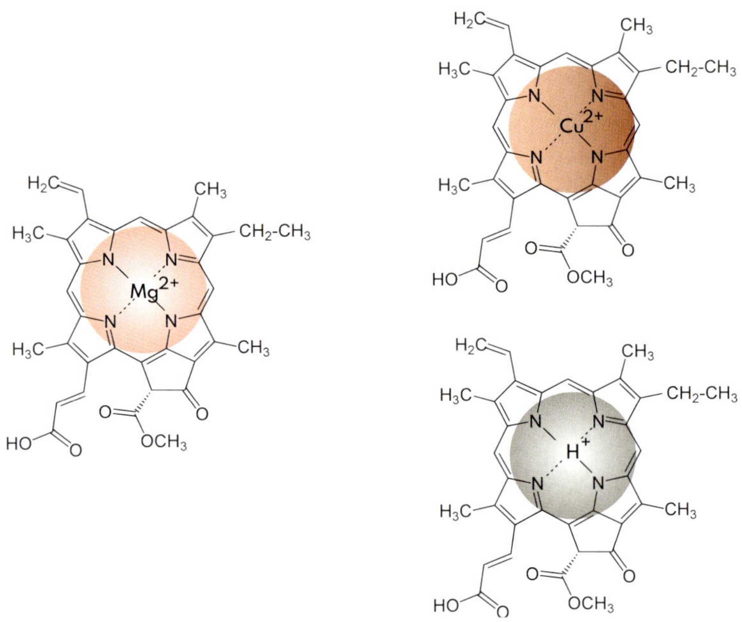

*Abb. 11: In Chlorophyll, dem Blattgrün (links), befindet sich ein Magnesiumion, das dem Gemüse die grüne Farbe gibt. Wird es beim Kochen oder Schneiden und Lagern durch Wasserstoff ersetzt, färbt sich Gemüse grau (rechts unten). Lagert und kocht man das Gemüse in Kupfergeschirr, verdrängen Kupferionen das Magnesium. Das Gemüse bleibt beim Lagern und Kochen glänzend grün (rechts oben).*

Kupfergeschirr nimmt auch Einfluss auf die Farbe von Gemüse und manchem Obst. Besonders deutlich wird dies bei grünem Gemüse, wenn der Farbstoff Chlorophyll (das »Blattgrün«) dominiert. Chlorophyll ist ein pflanzliches Pigment, ähnlich dem tierischem Häm (der die rote Farbe des Blutes (Hämoglobin) und der Muskeln (Myoglobin) bestimmt), das vor allem bei Blattgemüse vorkommt. Chlorophyll ist Teil des »Photosyntheseapparats« der Pflanzen und daher vorwiegend in Pflanzen, die dem Licht ausgesetzt sind, insbesondere in grünem Blattgemüse, dem grünen Teil des Lauchs oder Früchten zu finden.

Chlorophylle gibt es in verschiedenen Formen, allerdings ist die Pigmentgruppe, und nur auf die kommt es an, in allen identisch. Die Grundstruktur des Pigments ist in *Abbildung 11* dargestellt. Umgeben von einem Porphyring wird an dessen Stickstoffatomen (N) ein Magnesiumion ($Mg^{2+}$) eingefangen. Dieses Gebilde wirft vor allem grünes Licht zurück (alle anderen Farben/Wellenlängen werden absorbiert). Beim Schneiden, Hacken oder Kochen des Gemüses wird über Enzyme das Magnesium durch andere Ionen ersetzt, beim Kochen wird Wasserstoff (ein Proton) eingebaut, besonders wenn Säuren zum Abschmecken (fälschlicherweise) zu früh während des Kochens zugegeben werden. Damit ist ein Farbwechsel unvermeidlich, das Gemüse wird grau. Wird das Gemüse in Kupferbehältnissen gelagert oder zubereitet, lösen sich aus dem Geschirr Kupferionen, die nach und nach einen Teil des Magnesiums austauschen. Dieses »Kupferchlorophyll«, es schimmert tiefgrün und ist sogar als Lebensmittelfarbstoff zugelassen, ist extrem temperaturstabil. So bleibt das Gemüse auch beim Kochen grün.

Heutzutage ist man wegen möglicher Überdosierungen von Kupferionen davon abgekommen, Gemüse in Kupfergeschirr zu lagern und zu garen. Anders als in Eischnee, Zabaglione oder Konfitüren wäre bei Alltagsanwendungen die Aufnahme des Kupfers wegen der längeren Verweildauer und der höheren Temperaturen ungleich höher.

## Kupfer und seine antibakterielle Wirkung

Kupfer hat eine starke antibakterielle und antivirale Wirkung (Ingle et al. 2014). Es wirkt, anders als viele Medikamente, sogar auf einem universellen Prozess und unterscheidet auch nicht zwischen grampositiven und gramnegativen Bakterien (Ruparelia et al. 2008). Der Grund dafür ist bereits klar, denn es ist derselbe wie bei der toxischen Wirkung: Kupfer reagiert mit schwefelhaltigen Aminosäuren, vor allem mit Cystein. Da Cystein in verschiedenen Zellproteinen vorkommt, werden diese verändert, was ihre Funktion beschränkt bzw. vollständig unterbindet. Gleichzeitig können Kupferionen und induzierte freie Radikale in die Zellen eindringen und dabei weiter für oxidativen Stress an der DNA sorgen. Die Folge ist der Zelltod, ganz ähnlich wie dies bereits in *Abbildung 4* angedeutet ist. Daher wird in der aktuellen Forschung sogar gezielt nach Methoden

Kupfergeschirr nimmt auch Einfluss auf die Farbe – besonders bei grünem Gemüse.

gesucht, wie Kupfer über Nanopartikel in ganz bestimmte Viren und Bakterien gebracht werden kann, um sie so auszuschalten. Gerade für die Bekämpfung von Viren sind diese Prozesse von Bedeutung, denn dagegen gibt es bis heute kaum wirksame Medikamente. Aber auch gegen Bakterien ist diese Forschung mehr als nützlich, wenn man die zunehmenden Antibiotikaresistenzen vieler Keime berücksichtigt. Wenn man bedenkt, dass selbst Kupferlegierungen mit einem Kupferanteil von mindestens 60 % eine toxische Wirkung gegenüber den aggressiven Noroviren zeigen (Warnes und Keevil 2013) sind die Perspektiven der neuesten Forschung auch mit anderen kupferhaltigen Materialien und Substanzen hervorragend (Gross et al. 2019).

Diese »universelle« Wirkung von Kupfer gegenüber Mikroorganismen, egal ob Bakterien oder Viren, bedingt auch viele Anwendungen bei Lebensmitteln und der Lebensmittelproduktion, insbesondere wenn es um Hygiene geht. Anwendungsbeispiele sind etwa die Verarbeitung von Milchprodukten und die Käseherstellung, vor allem bei Rohmilchprodukten. Aus Rohmilch (Vorzugsmilch) werden heute wieder vermehrt (etwa im Biobereich) Produkte wie Rohmilchbutter, Rohmilchsahne und traditionell Rohmilchkäse hergestellt. Rohmilch enthält natürliche Keime, die über Euter oder Stall übertragen werden. Daher darf sie nur verkauft werden, wenn die Keimzahl unterhalb einer kritischen, für den Menschen ungefährlichen Grenze bleibt, und noch wichtiger, wenn keine gefährlichen, pathologischen Keime darin enthalten sind. Es wird daher auch streng geraten, die Milch dennoch abzukochen und wenn nicht, sie nur nahe 0 °C für ein, zwei Tage aufzubewahren. Gibt man sie aber in unbeschichtete Kupfergefäße ist sie etwas länger haltbar, denn die wenigen Kupferionen aus den Gefäßen halten nicht nur die Vermehrung der Keime in Schach, sondern inaktivieren einen Teil davon.

Käseherstellung im Kupferkessel: Hier wird Lab hinzugefügt.

Allerdings können sich die »zulässigen« Keime in der Rohmilch vermehren, vor allem wenn die Temperatur höher ist, etwa bei der Dicklegung von Rohmilch für die Käseherstellung. Dabei werden Enzyme, traditionell Kälberlab, aber auch alternative Enzyme zugegeben, die das Milchprotein Casein aus der Milch fällen (siehe z. B. Vilgis 2014). Beim Dicklegen der Milch müssen aber die Temperaturen auf 36 °C erhöht werden, damit die Labenzyme ihre effektivste Wirkung haben. Dies wiederum ist aber für die Keime in der Rohmilch eine ideale Wachstumstemperatur, sie könnten sich in der dicklegenden Milch stark vermehren. Wird die Dicklegung in Kupferbottichen vorgenommen, wird einer starken Vermehrung Einhalt geboten.

Auch bei der Joghurtherstellung lohnt es sich, über eine vorherige Kupferlagerung nachzudenken: Normalerweise wird Joghurt aus pasteurisierter Milch hergestellt, um den puren Geschmack und die Aromen der Milchsäurebakterien zu erhalten. Die Temperaturerhöhung der Milch während des Pasteurisierens hat aber einen deutlichen Einfluss auf die Konsistenz von Joghurt, da die Molkenproteine ($\alpha$-Lactalbumin und $\beta$-Lactoglobulin) denaturieren und auch bei der Säuerung ein dichteres Netzwerk bilden können. Wird die Rohmilch zuvor in Kupfergefäße gelegt, könnte man sich die Pasteurisierung sparen, die Rohmilch wird teilweise »kalt pasteurisiert«. Käsige oder »tierische« Aromen über freigesetzte Enzyme der kuheigenen und stallbedingten Keime würden weniger ins Gewicht fallen. Mikrobiologisch und gesundheitlich sind diese Keime beim Joghurt aber ohnehin kein Problem, denn sie können die starke Säuerung durch Milchsäurebakterien nicht überleben und daher beim Genuss von Rohmilchjoghurt kaum Schaden anrichten.

## Kupfer gegen Bakterien, Viren und Pilzsporen

Wie bereits aus *Abbildung 4* geschlossen werden kann, wirkt Kupfer auf universelle Weise gegen Viren, Bakterien und sogar Pilzsporen. Über die katalytische Wechselwirkung von Kupfer mit der Aminosäure Cystein wird eine ganze Kaskade von Prozessen angeregt, die auf praktisch alle lebensmittelschädigenden Keime, die in *Abbildung 12* zusammengefasst sind, einwirkt.

Kupfer verändert die Membranen von Keimen, schaltet die Funktion der Membranproteine der Keime aus oder schädigt über die Bildung von freien Radikalen sogar die DNA der Keime. Alle diese Wirkungen hemmen die Keimvermehrung bzw. lösen die systematische Tötung von Keimen aus. Kein Wunder also, wenn es in der medizinischen Forschung starke Bestrebungen gibt, Krankheiten mit Medikamenten zu bekämpfen, die kupferangereicherte Nanopartikel enthalten. Diese lassen sich gezielt an die Krankheitsherde transportieren, um dort ihre Wirkung zu entfalten (Subhankari und Nayak 2013, Usman et al. 2013, Ingle et al. 2014).

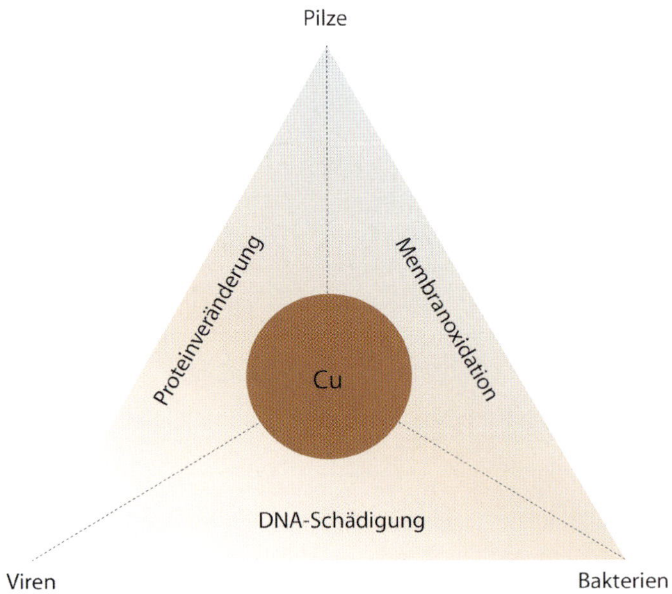


*Abbildung 12: Kupfer wirkt auf vielfache Weise auf Mikroorganismen, die Lebensmittel schädigen und bei deren Verzehr Krankheiten auslösen können.*

Doch auch im Alltag dienen Kupfergefäße zur Entkeimung von kontaminiertem Trinkwasser. Gerade in subtropischen Gebieten, wenn die Trinkwasserversorgung wegen des unter hohen Temperaturen erhöhten Keimwachstums Probleme bereitet, erweisen sich Kupfergefäße als Segen (Hedge et al. 2018). Mit die gefährlichsten Keime im Trinkwasser in diesen Regionen sind Escherichia Coli Bakterien (E. coli), die für schwere Infektionen verantwortlich sind – auch wenn diese Fäkalmikroorganismen dem Darm gute Dienste erweisen (Hahn et al. 2009). Gelangen coliforme Keime in Lebensmittel oder Trinkwasser, ist höchste Vorsicht geboten, wie noch aus dem EHEC-Fall bei kontaminierten Sprossen im Jahr 2011 auch in Europa bekannt ist (Bernard, H. et al. 2011).

In vielen suptropischen Ländern ist die Trinkwasseraufbereitung schwierig, Wasser- und Abwässerkanäle sind nicht immer strikt getrennt, weswegen Wasser aus vielen Quellen und Bohrlöchern mit E. coli-Bakterien verunreinigt sein kann. Aber auch bei diesen hochgefährlichen Keimen zeigt Kupfer eine nachhaltige Wirkung (Tandon et al. 2005). Daher wird im indischen Kulturkreis von der hocheffizienten Wirkung von Kupfer Gebrauch gemacht: Trinkwasser wird in Kupfergefäßen gelagert, was eine rasche Entkeimung vor dem Genuss garantiert.

Die konkrete Wirkung von Kupfer gegen Bakterien lässt sich schließlich im Detail nachweisen. Dazu wurden eindrucksvolle Experimente mit der Lagerung von Trinkwasser in verschiedenen Materialen durchgeführt (Packiyam et al. 2016). Trinkwasser wurde aus einem Bohrloch nahe einer Abwasserversickerungsstelle entnommen und in sterilen Flaschen im Labor auf Keime untersucht. Die Proben zeigten eine starke Verkeimung mit E. coli-Bakterien verschiedener Formen. Anschließend wurden die Proben in verschiedene, zuvor sterilisierte Gefäße aus Silber, Kupfer, Messing, Ton, Glas, Plastik, Aluminium, Keramik und Edelstahl gegeben und bei einer dem Subkontinent typischen Temperatur von 32 °C gelagert. Daraus wurden in verschiedenen Zeitintervallen, zwischen einer und 25 Stunden, Proben entnommen und die Keimzahl wieder bestimmt. Die eindrucksvollen Ergebnisse sind in *Abbildung 13* zusammengefasst.

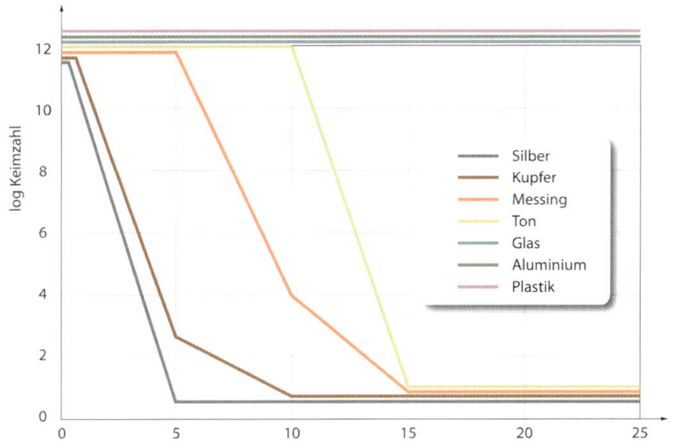


*Abb. 13: Die Keimzahl (bzw. deren Logarithmus) der coliformen Bakterien bei Lagerung in verschiedenen Gefäßen. Silber (graue Linie) zeigt die stärkste und rascheste Verminderung der Keimzahl, Kupfer (braune Linie) ebenso. Auch in Messing- (orangene Linie) und Tongefäßen (gelbe Linie) nimmt die Keimzahl ab. Glas-, Plastik-, Aluminium-, Keramik- und Edelstahlgefäße reduzieren die Keimzahl nicht (waagrechte Linien oben).*

Silber zeigt den stärksten Effekt auf die Reduktion der Keimzahl. Bereits nach fünf Stunden ist die Keimzahl auf ein sehr niedriges Niveau gesunken. Bei Lagerung in Kupfer sinkt die

*In einer Grappa-Destillerie*

Keimzahl ebenfalls nach fünf Stunden stark ab und nähert sich nach zehn Stunden ähnlich niedrigen Werten wie Silber. Messinggefäße (Messing sind Legierungen aus Kupfer und Zink) erweisen sich erst nach 15 Stunden effektiv, Tongefäße ebenso. Alle Behältnisse aus anderen Materialen weisen keine Wirkung auf die Keime auf, die Konzentrationen bleiben hoch. Auch bei diesem Experiment zeigt sich die ausgesprochen hohe Effektivität von Kupfer für die Entkeimung von kontaminiertem Wasser. Die bemerkenswert positive Wirkung bei Tongefäßen ist auf die hohe Rauigkeit der Oberflächen zurückzuführen, die auch beim Garen in Römertöpfen und Tajines für den kulinarischen Mehrwert sorgen (Caviezel und Vilgis 2017). Die typischen Abmessungen der Oberflächenrauigkeit reichen von Mikro- bis Nanometer, in denen die Mikroorgansimen bevorzugt adsorbieren und somit immobilisiert und inaktiviert werden. Die Vorgänge in Tongefäßen folgen somit generellen Prinzipien der statistischen Physik weicher Materie (Huber und Vilgis 1998).

Es lässt sich schließlich resümieren, dass durch die Lagerung von Trinkwasser in Kupfergefäßen die Zahl der durchfallerregenden Keime stark reduziert wird (Sudha et al. 2012). Und selbst bei Salmonellen (Sharan et al. 2011) zeigt das Metall seine starke Wirkung: Die Krankheitskeime werden rasch und effektiv vermindert.

## Kupfer in Brauereien und Brennereien

Brauereien verwenden Sudpfannen aus Kupfer. Meist ist das Tradition und historisch bedingt, denn auch hier war die Wärmeleitung das schlagende Argument. Beim Kochen der Würze kommt es auf exakte und in den großen Behältnissen überall konstante Temperaturen an. Da Kupfer die Wärme gut leitet, lag (und liegt) die Verwendung des Materials aus physikalischen Gründen nahe. Damit begründet sich auch die trichterförmig-birnenartige Form der Sudpfanne: Aus dem oberen Teil strahlt die Wärme gleichmäßig von allen Seiten direkt auf die Oberfläche der Würze ein.

*Brennkessel in einer Destillerie in Frankreich*

In Brennereien sind auch die Wärmeleitung und die rasche Reaktion auf Temperaturänderungen der entscheidende Vorteil für Kupfer. Das »Brennen« erfordert hohe und ebenfalls, den Aromen zuliebe, gleichmäßige Temperaturen, während das Kondensieren im oberen Teil eine rasche Abkühlung benötigt. Beide Anforderungen werden von Kupfer besser als von anderen Materialien gelöst (Pischl 2008).

Beim Brennen ist aber noch ein chemischer Grund ausschlaggebend, denn durch die hohen Temperaturen und der vorausgegangenen Hefegärung ist die Wahrscheinlichkeit, dass schwefelhaltige und unerwünschte Gerüche, off-flavours oder Fehlaromen entstehen, deutlich größer. Hefe ist sehr proteinreich, daher befinden sich dort die gängigen Vorläufer für schweflige Aromen (Vierich und Vilgis 2013), darunter das bekannte Cystein. Aber auch Methionin, aus dem kohlig-zwiebelige Geruchsstoffe, wie Methional, Thiolverbindungen, auch Mercaptane genannt, Thioacetale ($R\text{-}CH_3\text{=}O\text{-}S$) oder selbst der nach faulen Eiern riechende Schwefelwasserstoff nach der Selbstzersetzung der Hefe (Autolyse) entstehen, die den Genuss der Brände erheblich stören. Dann ist die Kupferoberfläche im entscheidenden Vorteil, denn auch hier wirkt Kupfer katalytisch. Schwefelverbindungen reagieren zu Kupfersulfid (CuS), das sich an der Innenseite der Destille als schwärzlicher Belag ablagert. Daher ist es ratsam, nach jedem Brennen diese wieder zu reinigen, bis die Innenseite glänzt.

*Kupferkessel in einer Brauerei in Pilsen*

So erhält die kupferne Innenwand auch wieder die volle katalytische Funktion (Pischl 2008). Brennt man in Stahlbehältern, können natürlich Kupfersalze in die Maische gegeben werden. Das ist vollkommen unbedenklich, da die stark wasserlöslichen Salze nicht mit Ethanol und Aromastoffen verdampfen, sondern im Kessel zurückbleiben.

Schließlich zeigen Kupferdestillen auch beim Brennen von Steinobstbränden ihre starken Seiten. Im Stein der Früchte verbergen sich nicht nur erwünschte Aromen, sondern auch giftige Blausäureverbindungen, die sich während Fermentation und Brennen chemisch in karzinogene Stoffe, wie Ethylcarbamat, umwandeln. In Steinobstbränden wird daher häufig eine 10- bis 1000-fache Konzentration dessen gemessen, was in anderen Lebensmitteln und Getränken nachgewiesen wird, und vereinzelt sogar eine Konzentration von mehr als 10 mg/l ermittelt (Lachenmeier 2007). In Kupferanlagen wird diese Reaktion über die katalytische Wirkung des Kupfers stark gehemmt und die Bildung von krebserregenden Stoffen deutlich vermindert. Daher werden in modernen Brennanlagen für Steinobstbrände zusätzliche Kupferlamellen oder andere Kupferelemente mit großen Oberflächen als »Cyanidabscheider« in die Brennblase montiert, um so mit der zusätzlichen Oberfläche die Wirkung des Kupfers nochmals zu verstärken. Die in den aufsteigenden Dämpfen enthaltenen Blausäureverbindungen werden dort als Kupfer-Cyanid-Komplex gebunden und können daraufhin nicht in den Obstbrand gelangen. Darüber hinaus kann die Maische mit Kupfersalzen angereichert werden, die eine weitere Reduktion der Bildung von Ethylcarbamat in Steinobstbränden erlauben.

## Kupfer und Grünspan

Es gibt in unserer Sprache zwei Arten von »Grünspan«, den chemisch »echten« und die Patina. Der chemisch echte Grünspan entsteht aus einer Reaktion von Kupfer mit Essigsäure und wird Kupferacetat, $Cu(CH_3COO)_2$, genannt. Damit diese hochgiftige, wasserlösliche Substanz entsteht, muss Kupfer mit Essigsäure in Berührung kommen. Würden also schwäbische Linsen oder fränkischer Sauerbraten mit Soßlebkuchen kräftig mit Essig abgeschmeckt, im unbeschichteten Kupfertopf gekocht, über Nacht abgekühlt und anderntags nach dem Erwärmen serviert (Aufgewärmtes schmeckt ja immer besser!), wäre das nicht besonders gut für die Gesundheit. Auch bei Chutneys, die mit Essig gesäuert werden, ist daher Vorsicht angebracht. Das Kochen des Chutneys in Kupfer wegen der Konsistenz ist zulässig, aber es sollte nicht im Kupfertopf abgekühlt werden.

Echter Grünspan wird daher nur als intensives Farbpigment im nicht-kulinarischen Bereich verwendet (Kühn 1964), etwa historisch in der Malerei (Schweinfurter Grün), und es dient auch als Fungozid zur Vernichtung von Pilzsporen, denen sonst schwer beizukommen ist.

Was umgangssprachlich als »Grünspan« bezeichnet wird, ist eher Patina und besteht aus einem Gemisch von wasserunlöslichen Kristallen aus Kupfer-(carbonat-sulfat-chlorid)-hydroxid. Diese grünlich schimmernden, wasserunlöslichen Kristalle sind Oxidationsprodukte und vollkommen ungiftig. Sie entstehen auch bei mangelnder Pflege auf den Außenschichten der Kupfertöpfe, haben aber auf die Funktion keinen Einfluss.

## Kupfer und Folkore

Natürlich ranken sich um Kupfer jede Menge Geschichten. So wird in Bars der Cocktail »Moscow Mule« aus Kupferbechern getrunken. Dies hat weniger mit dem Geschmack zu tun als mit der Idee des modernen Marketings, dem Modegetränk ein gewisses Alleinstellungsmerkmal zu geben. Dort haben weder die katalytischen Effekte noch die Wärmeleitfähigkeit eine Funktion, schließlich wird er »on the rocks« serviert. Hier trinkt tatsächlich auch einmal das Auge mit.

*Vorwiegend Folklore: türkischer Mokka in einem Kupferkännchen*

Auch wird in arabischen Ländern Mokka oft in Kupfergefäßen zubereitet. Dies hat natürlich mit der Wärmeleitung zu tun, ist aber definitiv nicht für Geschmack und Aroma ausschlaggebend. Zwar werden die bei der Kaffeeröstung entstehenden schwefligen Geruchsstoffe (Methional) eingedämmt, da diese aber im Kaffee ohnehin nicht besonders aromaaktiv sind, bleibt diesem Argument keine Bedeutung zuzumessen. Andererseits ist Kupfer eben *das* Material des Neolithikums, dessen Auftrieb im Nahen Osten begann. Somit sind auch die Mokkakännchen Ausdruck einer tiefen Tradition. Heutzutage findet man aber eher das kostengünstige Aluminium – dem Mokka, mit Kardamom aromatisiert, tut dies keinen Abklang.

Es ist auch nicht verwunderlich, dass Schokolade in Kupfer einer gewissen Ästhetik entspricht, wenngleich der Vorteil der raschen Reaktion des Kupfers auf Temperaturänderungen beim Schmelzen der fragilen Kristalle der Kakaobutter sehr nahekommt (vgl. Vilgis 2015, Joshi et al. 2018). Auch beim Flambieren und Glasieren »à la minute« ist Kupfergeschirr wegen der hohen Wärmeleitfähigkeit ein gern gesehenes Utensil. Auch Risottos und die Polenta, die im Prinzip eine Stunde unter schwacher Hitze gerührt werden muss, dient Kupfer, um den Kochprozess besser zu steuern. Aber seit dem zunehmenden Gebrauch von Geräten wie »Thermomixern« und anderen Rührheizern stirbt auch diese Tradition selbst im Stammland der Risottos, Italien, langsam aus. Dies hat natürlich den Vorteil, dass sich Koch und Köchin bereits dem Aperitif widmen können, wenn Risotto und Polenta von Zauberhand ohne Ermüdung von Küchenrobotern auf konstanter Temperatur gerührt werden.

## Schlussbemerkung

Kupfer zeigt einige Vorteile selbst dann, wenn für die meisten Küchenanwendungen die Töpfe versiegelt sind. Die wahre Stärke von Kupfer bei unversiegelten Töpfen scheint sich, siehe Konfitüre, Eischnee oder die antibakterielle Wirkung, erst auf molekularer, »atomistischer« Ebene zu offenbaren. Damit stellt sich abschließend die Frage, ob sich denn aus anderen Kochgeschirren, etwa unversiegelten Gusseisenpfannen oder Aluminiumtöpfen, keine Eisen- oder Aluminiumionen lösen, die ähnliche Eigenschaften aufweisen. Auch in diesen Töpfen lösen sich Metallionen in ähnlich verschwindend kleiner, für den menschlichen Körper ungefährlicher Konzentration in Wasser. Allerdings zeigt die bereits oben genannte wissenschaftliche Arbeit von Cotterill (1992), dass nur Kupferionen in geringsten Mengen messbar starke Auswirkungen auf Konfitüren oder geschlagenes Eiweiß haben. Bei anderen gelösten Metallionen und Spurenelementen ist die Wirkung im Grunde vernachlässigbar.

Die hervorragende Wärmeleitfähigkeit und die eingangs betonte rasche Reaktion auf Temperaturänderungen darf schließlich nicht vergessen werden; besonders positiv wirkt sich diese beispielsweise auf Risotti, Polenta und andere Zubereitungen aus, bei denen ständiges Rühren eine wichtige »Zutat« ist. Keine Frage, heute werden diese Gerichte sogar in Italien gerne in Thermomixern und Robot Coupes hergestellt – natürlich wegen der vordergründigen Vorteile: Die Küchenmaschinen nehmen durch das Rührwerk Arbeit ab, halten die Temperatur hinreichend konstant und Köchinnen und Köche können sich während des Risotto- und Polentakochens anderen Tätigkeiten widmen. Dennoch bleibt aus technischen Gründen immer ein ungerührter Bodensatz zurück, der bei Dauerbefeuerung von mindenstens 80 °C (der Stärke zuliebe) langsam, aber stetig anbackt. Unerwünschte Aromen sind die Folge. Daher schwören manche Risottopuristen nach wie vor auf die klassische Zubereitung in Kupfertöpfen und dem zwingenden Rühren von Hand. Das Kochen und Rühren neben dem Feuer liefert selbstverständlich auch bessere Resultate, schließlich teilt der werdende Risotto seine ständige Konsistenzveränderung der Hand des Kochenden fortlaufend mit. Während Köchinnen und Köche darauf sofort mit mehr oder weniger Hitze, mehr Brühe, mehr Wein oder dem Extralöffel Butter und Pancetta oder Parmesan reagieren, rührt die Maschine davon unbenommen und mechanisch weiter, hin und wieder nicht zu knapp an der Perfektion vorbei.

Gute Dienste liefern kupferne Schlagschüsseln auch beim Kaltschlagen luftiger Gelatinemassen (z. B. Mäusespeck und Marshmallows, Mousses oder ähnliche Konstruktionen) im Eisbad. Die Masse kühlt rasch ab, geliert und bildet, wenn grenzflächenaktive Proteine mit im Spiel sind, sehr luftige Schäume. Vor allem im salzig-herzhaften (umami-)Bereich – wenn wie in der modernen Gastronomie schaumige »Kissen« vom Typ Mäusespeck aus Fischsuppen (Bouillabaisse), aus fleischigen Fonds oder aus Gemüsepürees hergestellt und serviert werden, bei denen im Gegensatz zu süßen Konstruktionen wie Baisers oder Cremes der stabilisierende Zucker weitgehend fehlt – ist die Zubereitung in Kupfer klar von Vorteil.

## Literatur


Autorenteam (2016). *Perfektion. Die Wissenschaft des guten Kochens. Backen.* Stiftung Warentest, Berlin.

Braun, K., Hanewald, A., & Vilgis, T. A. (2019). Milk emulsions: Structure and Stability, Foods (zur Veröffentlichung akzeptiert).

Bernard, H. et al. (2011). Ergebnisbericht der Task Force EHEC zur Aufklärung des EHEC O104: H4 Krankheitsausbruchs in Deutschland. Journal für Verbraucherschutz und Lebensmittelsicherheit, 6 (4), 483-495.

Biesalski, H. K. (2015). Ernährung. In: *Mikronährstoffe als Motor der Evolution* (9-25). Springer Spektrum. Berlin, Heidelberg.

Caviezel, R. & Vilgis, T. A., (2017). Gar- und Kochtechniken, Matthaes Verlag, Stuttgart.

Cotterill, O. J., Chang, C. C., McBee, L. E., & Heymann, H. (1992). Metallic cations affect functional performance of spray - dried heat - treated egg white. *Journal of Food Science*, *57* (6), 1321-1321.

Diligent, M. B. (2010). Les confitures: de l'art aux techniques. *Mémoires de l'Académie nationale de Metz*. Zugriff über: http://academiemetz.canalblog.com/archives/2010/01/19/17275546.html

Ferber, C. (1997). *Mes Confitures*. Payot. Paris.

Gobrecht, J. (2009). *Werkstofftechnik-Metalle*. Oldenbourg Verlag, Berlin.

Goscinny, R., & Uderzo, A. (1972). *Asterix und der Kupferkessel*. EHAPA. Stuttgart.

Gross, T. M., Lahiri, J., Golas, A., Luo, J., Verrier, F., Kurzejewski, J. L., Becker, D. E., Wang, J., Noval, P. F., & Snyder, M. J. (2019). Copper-containing glass ceramic with high antimicrobial efficacy. *Nature communications*, *10* (1), 1979.

Hahn, H., Kaufmann, S. H., Schulz, T. F., & Suerbaum, S. (2009). Medizinische Mikrobiologie und Infektiologie. Springer-Verlag, Heidelberg.

Hegde, S., Nair, L. P., Chandran, H., & Irshad, H. (2018). Traditional Indian way of eating-an overview. Journal of Ethnic Foods, 5 (1), 20-23.

Hirzel, C. H. (1855), *Küchen-Chemie, Die Gartenlaube*, 41-42, 546-547.

Huber, G., & Vilgis, T. A. (1998). Polymer adsorption on heterogeneous surfaces. The European Physical Journal B-Condensed Matter and Complex Systems, 3 (2), 217-223.

Ingle, A. P., Duran, N., & Rai, M. (2014). Bioactivity, mechanism of action, and cytotoxicity of copper-based nanoparticles: a review. *Applied microbiology and biotechnology*, *98* (3), 1001-1009.

Joshi, B., Beccard, S., & Vilgis, T. A. (2018). Fractals in crystallizing food systems. *Current Opinion in Food Science*, *21*, 39-45.

Kienlin, T. L. (2004). Frühes Metall im nordalpinen Raum: Eine Untersuchung zu technologischen und kognitiven Aspekten früher Metallurgie anhand der Gefüge frühbronzezeitlicher Beile. *Archäologische Informationen*, *27* (1), 187-194.

Kinoshita, K., Shimogiri, T., Ibrahim, H. R., Tsudzuki, M., Maeda, Y., & Matsuda, Y. (2016). Identification of TENP as the gene encoding chicken egg white ovoglobulin G2 and demonstration of its high genetic variability in chickens. *PloS one*, *11* (7), e0159571.

Kittel, C., Gress, J. M., & Lessard, A. (1969). *Einführung in die Festkörperphysik* (Vol. 14). Oldenbourg Verlag, München.

Kühn, H. (1964). Grünspan und seine Verwendung in der Malerei. *Farbe u. Lack*, *70*, 703-711.

Lachenmeier, D. W. (2007). Folgerungen der IARC-Neubewertung von alkoholischen Getränken und Ethylcarbamat für die Lebensmittelüberwachung. Deutsche Lebensmittel-Rundschau, 103 (7), 307-311.

Lavoisier, A., Vilgis, T. A., & Aguilera, J. M. (2019) Effect of cysteine addition and heat treatment on the properties and microstructure of a calcium-induced whey protein cold-set gel. Current Research in Food Science (zur Veröffentlichung akzeptiert).

McGee, H. (2007). *On food and cooking: the science and lore of the kitchen*. Simon and Schuster, New York.

McGee, H. J., Long, S. R., & Briggs, W. R. (1984). Why whip egg whites in copper bowls? *Nature*, *308* (5960), 667.

Micheli, F. (2001). Pectin methylesterases: cell wall enzymes with important roles in plant physiology. *Trends in Plant Science*, *6* (9), 414-419.

Miyamoto, H., Fushimi, J., Mimaki, T., Vinogradov, A., & Hashimoto, S. (2005). Dislocation structures and crystal orientations of copper single crystals deformed by equal-channel angular pressing. *Materials Science and Engineering: A, 405* (1-2), 221-232.

Packiyam, R., Kananan, S., Pachaiyappan, S., & Narayanan, U. (2016). Effect of storage containers on coliforms in household drinking water. International Journal of Current Microbiology and Applied Sciences, 5 (1), 461-477.

Penna, S., & Nikalje, G. C. (2018). Coping with metal toxicity-cues from halophytes. *Frontiers in plant science, 9*, 777.

Pischl, J. (2008). *Schnapsbrennen*. Stocker, Graz.

Prudent, M., & Girault, H. H. (2009). The role of copper in cysteine oxidation: study of intra-and inter-molecular reactions in mass spectrometry. *Metallomics, 1* (2), 157-165.

Rehm, H., & Hammar, F. (2013). *Biochemie light*. Verlag Europa-Lehrmittel, Nourney, Vollmer GmbH & Company KG. Stuttgart.

Ruparelia, J. P., Chatterjee, A. K., Duttagupta, S. P., & Mukherji, S. (2008). Strain specificity in antimicrobial activity of silver and copper nanoparticles. *Acta biomaterialia, 4* (3), 707-716.

Sagis, L. M., de Groot-Mostert, A. E., Prins, A., & van der Linden, E. (2001). Effect of copper ions on the drainage stability of foams prepared from egg white. *Colloids and Surfaces A: Physicochemical and Engineering Aspects, 180* (1-2), 163-172.

Sharan, R., Chhibber, S., & Reed, R. H. (2011). Inactivation and sub-lethal injury of salmonella typhi, salmonella typhimurium and vibrio cholerae in copper water storage vessels. BMC infectious diseases, 11 (1), 204.

Schlemmer, U. (1989). Studies of the binding of copper, zinc and calcium to pectin, alginate, carrageenan and gum guar in HCO3-CO2 buffer. *Food chemistry, 32* (3), 223-234.

Shimofuji, S., Othani, K., Matsui, M. (2013). The role of ovalbumin in the stability of whipped egg white prepared in copper bowl, *J. Cookery Sci. Jpn., 46* (5), 335-342.

Sikorski, Z. E. (2006). *Chemical and functional properties of food components*. CRC Press. Boca Raton.

Smithells, C. J. (Ed.). (2013). *Metals reference book*. Elsevier. Amsterdam.

Subhankari, I., & Nayak, P. L. (2013). Antimicrobial activity of copper nanoparticles synthesised by ginger (Zingiber officinale) extract. World Journal of Nano Science & Technology, 2 (1), 10-13.

Sudha, V. P., Ganesan, S., Pazhani, G. P., Ramamurthy, T., Nair, G. B., & Venkatasubramanian, P. (2012). Storing drinking-water in copper pots kills contaminating diarrhoeagenic bacteria. Journal of health, population, and nutrition, 30 (1), 17.

Tandon, P., Chhibber, S., & Reed, H. R. (2005). Inactivation of Escherichia coli and coliform bacteria in traditional brass and earthernware water storage vessels. Antonie Van Leeuwenhoek, 88(1), 35-48.

Töpel, A. (2015). Chemie und Physik der Milch. Behr's Verlag, Hamburg.

Usman, M. S., El Zowalaty, M. E., Shameli, K., Zainuddin, N., Salama, M., & Ibrahim, N. A. (2013). Synthesis, characterization, and antimicrobial properties of copper nanoparticles. International journal of nanomedicine, 8, 4467.

Vega, C., & Sanghvi, A. (2012). Cooking literacy: meringues as culinary scaffoldings. *Food biophysics, 7* (2), 103-113.

Vierich, T. A., Vilgis, T. A. (2013). *Aroma. Die Kunst des Würzen*. Stiftung Warentest, Berlin.

Vierich, T. A., Vilgis, T. A. (2017). *Aroma Gemüse. Der Weg zum perfekten Geschmack*. Stiftung Warentest. Berlin.

Vilgis, T. A. (2005). *Die Molekül-Küche. Physik und Chemie des feinen Geschmacks*. S. Hirzel. Stuttgart.

Vilgis, T. A. (2010). *Das Molekül-Menü. Molekulares Wissen für kreative Köche*. S. Hirzel. Stuttgart.

Vilgis, T. A. (2014) Wenn Milch sauer wird: Änderungen ihrer Struktur und praktische Anwendungen. *Journal Culinaire, 20*, 20-36.

Vilgis, T. A. (2015). Soft matter food physics—the physics of food and cooking. *Reports on Progress in Physics, 78* (12), 124602.

Vilgis, T. A. (2017). Eine Frage des Wassers: Physikalisch-chemisches Konservieren. *Journal Culinaire* 28-47.

Warnes, S. L., & Keevil, C. W. (2013). Inactivation of norovirus on dry copper alloy surfaces. *PloS one, 8* (9), e75017.

## H



## K



## L



## M



## N



## O



## P



## Q



## R

## S



## V



## W



## Z

## Kurzbios

**Stephanie Arlt** ist gebürtige Oberpfälzerin und Mitautorin des im Jahr 2019 erschienenen Kochbuchs *Das kulinarische Erbe Bayerns*. Sie hat in Erlangen studiert und arbeitet in Regensburg als Bibliothekarin.

**Daniel Duve** arbeitet als Food- und Werbefotograf in Fürth/Bayern. Er hat bereits an mehreren Kochbüchern mitgearbeitet.

**Gabriele Hussenether** betreibt in Nürnberg seit 1996 ihre Kochschule MOKO (Mobile Kochkunst). Sie ist Autodidaktin.

**Thomas A. Vilgis** ist Physiker am Max-Planck-Institut. Er forscht auf dem Gebiet der weichen Materie und leitet die Arbeitsgruppe *Soft Matter-Food Physics*, welche physikalische Aspekte des Essens hinsichtlich der Zutaten und Zubereitung untersucht. Er ist Verfasser zahlreicher Kochbücher (u.a. *Der Gastronaut*, *Aroma Gemüse*, *Aroma – Die Kunst des Würzens*).

## Dank


- Marc Weyersberg und der Kupfermanufaktur Weyersberg für die großzügige Bereitstellung von Kupfergeschirr und die freundliche Einführung in die Welt des Kupfers
- Thomas Schulz in Stuttgart für die wertvolle Mitarbeit bei Recherche und Texten
- dem Team der MOKO, Nürnberg, für die Unterstützung beim Fotoshooting
- Jean-Claude Winkler in Stuttgart für das Überlassen der Fotos zur Kupfermanufaktur Weyersberg und zur Metalldrückerei Strauß


## Bildnachweis


Infografiken ©: Thomas A. Vilgis

Fotos ©: Eising Studio/StockFood (S. 2), fotofabrika/stock.adobe.com (S. 4), Jörg Lehmann/StockFood (S. 9), Jean-Claude Winkler (S. 10/11, 14, 15, 38-40), deniskarpenkov/stock.adobe.com (S. 13), Piotr/stock.adobe.com (S. 17), Bruce James/StockFood (S. 19), mauritius images/Alamy/Zoonar/ Denis Karpenkov (S. 21), Michael Schinharl/StockFood (S. 23), Daniel Duve (alle Rezeptfotos sowie S. 24, 166, 168, 170, 171, 172, 177 oben), vadiml/ stock.adobe.com (S. 30/31), The Picture Pantry/ StockFood (S. 33), Eising Studio/Food Photo & Video/StockFood (S. 34), Tetra/StockFood (S. 36), Dan Jones (S. 43), mauritius images/Alamy/Enik (S. 160), matousekfoto/stock. adobe.com (S. 161), Kupfermaufaktur Weyersberg (S. 23-25, 41, 165), Greg Rannells/StockFood (S. 167), Nitr/stock.adobe.com (S. 174), Michael Paul/ StockFood (S. 175), ChiccoDodiFC/stock.adobe.com (S. 177 unten, S. 179), Jacques Caillaut/ PhotoCuisine/ StockFood (S. 180), Iakov Filimonov/ stock. adobe.com (S. 181), mauritius images/Alamy/Kostyantyn Maslak (S. 182), Revnate/iStock (S. 186-187), deniskarpenkov/stock.adobe.com (S. 191), Marcus Lindstrom (S. 192)